西川美和

映画にまつわるXについて2

実業之日本社

実業之日本社文庫

目次

書評・映画評

エッセイ

2

映画にまつわるxについて

映画にまつわるxについて

x＝エール

「ジェイ・ノベル」2013年4月号

中村勘三郎《なかむらかんざぶろう》さんが亡くなったことは、事件であった。私は一度だけ映画に出て頂いたことがあるが、訃報はニュースで知った。厳密には、早朝のニュースを見た母から「あんた、知ってるの」と電話がかかってきて知った。床から起き出してテレビをつけると、各局揃《そろ》いで特集を組んでいたが、その内容とはまるで不似合いに空はきれいに晴れていた。

その日は人に会う用事があり、私の窓口業務を請け負ってくれているA女史と恵《え》比寿《びす》駅の改札で待ち合わせ、乗り込んだタクシーの後部座席でふたり、同時に口を開いて「ねえ、どうしてこんなことになるんでしょう」とはじまった。二〇一二年の春の桜が咲いた頃、隅田川《すみだがわ》沿いに建てられた芝居小屋の舞台の上では、その引き締まった肢体がたしかに縦横無尽に跳ね回っていたのだ。私は観《み》た。「私だって観ましたよ」「ねえ、楽屋で見た、湯から上げられたばかりの剝《む》きたまごみたいなあの肌艶！」「もちろん、覚えてますとも」するとおもむろに前の席から、「ほんとにねえ、悲しいったらないですよ」とたまらず運転手さんも話に入ってきた。いい人も、優れた人も、偉い人も、かけがえのない人も、みんな死ぬ。いつか死ぬ。若くたって、死ぬときは死ぬ。わかっているさそんなこと。それでも、歯噛《はが》みするような悔しさが列島全体を襲った。

多くの人が語った通り、誰もが出会った瞬間に、いや舞台に現れたのを一目見た瞬間に、「ずっとこの人が好きだった」と思い込んでしまうような人であった。

私の映画での勘三郎さんの出番はたったの1シーンだったが、そのために舞台稽古の合間を縫い、ロケ地の茨城の病院まで自分で車を運転して来てくださった。「カンザブロウが来る」——既に何度かお会いして、その鷹揚《おうよう》な人柄は見て知っているつもりでも、その日の朝から私の脇からは止めどなく汗が伝い流れていたが、片や現場のスタッフは落ち着き払っていた。ことさら歌舞伎のファンのような人はいなかったし、それに彼らは裏方といえども、普段からスターを間近で見ながら暮らしている面々だ。歌舞伎の花形役者と仕事をした経験のある人だってなくはない。「ミーハー根性」は、人がこの仕事をしていれば必ず失ってしまうものの一つで、どんなトップアイドルを迎えようとも、現場の若い男性スタッフはその傍《そば》で象のような表情で仕事をし続ける。花嫁の父のように落ち着かない私であったが、象の瞳の彼らは顔色一つ変えるでもなくいつも通り粛々と準備の手を動かし、ライティングは仕上がり、カメラは据わり、時間通りに現場は整っていたのであった。

しかしフロアのエレベーターが、ポォン、と音を立てて止まり、開いた扉の中から医師の手術着を着た勘三郎さんが現れて一歩目を踏み出したとたん、現場の気温は明らかに上昇した。スタッフの視線は釘付《くぎづ》けになり、自然と道をあけ、とたん病院の薄暗い廊下は花道のように光り輝いて、それを大股で歩く十八代目中村勘三郎の背に大向うのかけ声がこだまするような錯覚さえ覚えた。勘三郎さんが笑えばその場に居る者すべての頬が緩み、集中するとともに固唾《かたず》をのんだ。単なる大物俳優を現場に迎えたときの強張《こわば》った緊張感とは別物だ。そこに居合わせた者は、はからずも間違いなく「いい時間」を過ごした（これは厳密には「いいシーンを撮れた」という感慨ともまた違うのだが、それはまた別の機会に）。ともかく海千山千の裏方衆を、まるでお客にされちゃったというわけ。これが三百六十度、どこからでもご覧、という生身の魅力というものか。私たちのように切ったり貼ったりが通用しない、ライブの世界を作ってきた人のなせる業《わざ》だなあ、と思った。

ひどいせっかちだ、と親交の深い人からは聞いていた。お世話になったり病気に伏せられたりした折に、何度か手紙を書いたことがあり、その都度わざわざ電話でお返事を頂いたが、いつも機関銃のようにまくしたて、合間に言葉を挟むのは高速で振り回される長縄跳びの中に跳び入るくらい難儀だったが、勘三郎さんは一通り言いたいことを言い終わると、「ありがとう、ありがとう、ありがとう」と言って電話を切られた。勘三郎さんの発声で聴く「ありがとう」は独特で、「ございます」がつかない分、ふしぎな気品と親しみを耳に残した。おそろしく興奮するけど終わってしまえばあっという間のジェットコースターに乗った後のような気分だった。最後に話したのは、ひとつ病を克服して再出発、というタイミングだった。長患いの後とは思えない勢いで、またしても機関銃のように今後の仕事への意気込みを語った後、ひときわ強い語調で、言った。

「あのねえ監督、ぼくもまだ当分死にませんから」

まあ勘三郎さん――と私が渋い声を出すのも待たずに、あのダミ声の大笑いが受話器から飛び散った。相変わらずの「ありがとう」で電話を切られて、大病が発覚した報道があったのはそのすぐ後だった。けれどあんなふうに言われたくらいだから、大病も大病のはずがないと私はたかをくくっていた。今度は手紙も書かなかった。ずっと良くなってから、手紙も花もそろそろ誰からも来なくなったころに、また書けばいいんだと思っていた。

当たり前だが、私が手紙を書かなかったから中村勘三郎は亡くなったのではない。それでも、私はきっと生涯、もう一通、手紙を書くのだったと、ひとり密《ひそ》かに後悔をし続けるのだろう。こうして亡くなった人のことを偲《しの》ぶのは容易《たやす》いが、どうして生きて元気でいてくれているうちにそれをやらぬ、といつも思う。偲ぶのは、亡くなった人のためじゃなく、残された者の後悔を鎮めるためが大きい。死んだ後にあわてて周りが並べ立てる美辞麗句を、ホトケはほんとに聴いているだろうか。聴いているのかいないのかすら永久に確かめられないまま、私たちは、ぶつぶつ偲び続ける。悔恨を埋め合わせるように。死者に赦《ゆる》しを請《こ》うかのように。偲ぶことが何かを生むとすれば、残されて、後悔や喪失に心をつぶされそうになっている者同士を、柔らかくつなげてくれることくらいだ。

勘三郎さんは生きているうちから伝説になっていたような人だから（死ぬ必要なんてなかったのだ。死ななきゃ伝説にならないような人ではなかった。のに、死んだ）、きっとこれからも、良く知る人たちがその生を語り、芸を語り継ぐだろう。だから私はもうなるべく偲ぶことをやめようと思う。勘三郎さんだけじゃない。死者を偲ばず、生きてる人を生きてるうちに偲びたい。生きている同輩が、生きて力を出せるうちに、届く言葉でエールを送るんだ。それが私の今年からの抱負である。

x＝撮る

「ジェイ・ノベル」2013年7月号

私は、職種としては「撮る」人間だが、同時にかなりの数「撮られ」もしてきた。主に自分の映画の宣伝期間中に限られるが、新聞、雑誌、テレビ番組に出してもらうために、すでにおそらく数百人にも及ぶ各地のカメラマンに写真や映像を撮ってもらって来たはずだ。

カメラマンの人々は、私を撮りながら、まるで挨拶代わりのように「緊張します」と言う。「撮る人」を撮るのは緊張するのだと。「解《わか》りますよ。私も演出家の人を演出するのは、とても緊張しますから」。撮られながらそう返す私は、早くも激しく緊張をしている。

互いの緊張を解くために、カメラマンはさらに言葉をかけてくる。「撮られるのは、もう慣れましたか」。なかなかの手だ。そう言われて、はにかみに相好を崩さない日本人はまず居ない。

「いやあ――」パチリ。「ちっとも慣れませんよ」パチリ。

しかし今ひとつ思うような笑顔を引き出すことが出来ず、焦り始めてきているカメラマンのために、私もこう尋ねてみる。

「だって、どうですか。撮られるのはお好きですか」

「いやあ、ぜんっぜん、ダメっすね」

「ほらあ。そうでしょう？」パチリ。

「撮る人間って、撮られたくないですよね」

「ほんとに。何ででしょうねえ、これ」パチリ。パチパチ。

「でも全然、大丈夫ですよ、自然ですよ」

「これでも頑張ってるんですよ、硬いと撮る人が困るって、解ってるから」パチパチパチパチパチパチ。

晴れて終了。笑顔で握手。しかしわずか五分で、私の肩は、ガチガチに凝《こ》り固まっている。これはやはり撮る者たちの職業病なのか。「ぼく、撮られるのも好きです」と返して来るカメラマンがもし居れば、私はレンズの前で、もっと新鮮な表情を浮かべてみせるはずだろう。しかし撮る者は、決してそう言わない。まるでタブーのように。最も恥ずかしい秘密を、ひた隠しにするように。

もしかして私たちは、撮られる人たちを、心のどこかで軽蔑しているのだろうか？　よくもまあ、こんなことが出来るもんだな、と。まるで娼婦《しょうふ》を抱きながら、娼婦を愚弄する男のように。そんな女に抱いてもらって、自分は生かされてるくせに。

しかし「撮られる」とは、そう思ってしまうくらい過酷なことなのだ。撮る者は、ファインダーをのぞきながら常に対象をジャッジしている。いいですよ、いいですね、きれいです、今の良かった、エクセレント。そう言いながら同時に同じ数だけ、ダメだ、こっちの顔はマズい、覇気がない、感情が死んでいる、陳腐、などと心の裏側で誹《そし》っている。それはもう微に入り細に入り、小姑《こじゅうと》のごとし。自分が撮る時にそうなのだから、撮られている時は撮る人から同じようにジャッジをされているに違いない、と思ってしまう。しかも、手練《てだ》れの俳優たちですらそんなふうに裁かれるのだ。いわんや、いわんや、いわんや、この私!!　完成後、宣伝の旅に出て、たくさんのカメラで撮られている時はいつも断罪のように感じる。こんな目に遭《あ》うのは、あんなに人を撮ったりしたからだ。因果応報を噛み締めている。

おそらく私にとっては、「撮る」という行為それ自体がすでに、永久に後ろめたさのつきまとう行為なのだと思う。ただ寡黙に存在するだけの現実を、作為的なフレームで切り取ることで、私たちはそこに何かしらの意味を作る。そしてそれを道具にして、人に何かを「考えさせ」たり、「感動させ」たりしようとする。

うっかり腕時計を忘れてきたサラリーマンのお父さんが、外回りの途中でふと、ビルの上の電子時計を見上げるとする。なんだ、ちょっと先方行くには早いね。そこらの喫茶店で一服しーちゃお。

何ら情緒のない、日常の断片だ。しかしお父さんが時計を見上げたその瞬間、そそり立つ灰色のビル群でも背負わせて、ローアングルからあおり目でパシャリと一枚の写真にしたとたん、「冷たい都会の真ん中で心もとなく天を仰ぐ、壮年の寂寞《せきばく》が写し出された」ようにも見えたりする。それに胸を打たれる人が出てきたりもする。

これが虚構を作るということだ。言ってみれば、すべてが「ねつ造」だ。世界は、フレームで切り取られたとたんに、もはや、世界のありのままではなくなるから。私は、のぞき見た世界の無防備な姿からあらゆる断片をかすめ取って別の価値を作り、飯の種に仕立て上げて行く類《たぐ》いの人種である。私たちにとって、カメラという機械は、武器であるに等しい。「撮る《shoot》」ことは、「撃つ《shoot》」ことと近い暴力性を持っているのであり、カメラを持つ者と持たない者が居れば、場を支配する優位性を持つのは常にカメラを持つ方だ。だから私たちがカメラを人に向けるのは、盗人が目の前の人におおっぴらに銃口を向けるのと似ていると思う。それは「これから私はあなたから盗《と》り（＝撮《と》り）ますよ」という宣言に等しくも見える。しかし私はこれが苦手なのだ。明らかに相手が緊張するからである。だからものを書くために人を取材をする時もなるべくカメラを構えず、丸腰を装い、警戒させぬうちに目や耳だけで必死にかすめ取る。同じ盗人でも、相手になるべく知られないうちにものを盗りたい、スリみたいなタイプなのだと思う。

そんな私が映画の現場で、巨大なカメラをのうのうと俳優たちに向けられるのは、彼らが「撮られてなんぼ」の人たちだからだ。彼らは気前良く、私たちののぞき部屋に入ってくれる。「あなたのすべてを頂きますよ」「どうぞお好きに」という契約が成り立って初めて私は安心して暴君になれるのだ。いわば、玄人《くろうと》にしか寝てもらえない、寝る勇気もない、哀《かな》しきやもめ。

というように、撮ることにも撮られることにも葛藤を続ける私であるが、そんなものとはかけ離れたふたりのカメラマンに近頃写真を撮ってもらうことがあった。

一人は若木信吾《わかぎしんご》さん。中学時代から撮り続けてきた祖父・琢次《たくじ》さんの写真集

『Takuji』（一九九九）を出版されて間もない頃、是枝裕和《これえだひろかず》監督の『DISTANCE』（二〇〇一）という作品にスチールカメラマンとして参加され、現場の助監督だった私はそれ以来、細く長くのおつきあいをさせてもらっている。近頃は写真家としてだけでなく、映画を撮ったり、本や雑誌の出版をしたり、地元の浜松で写真集を中心にした本屋さんを作ったり、若い人たちと一緒に地域と地域を結びつけるプロジェクトを考えたりらしい。若木さんは、晴れた日の天竜川《てんりゅうがわ》の流れのような、なだらかで、ゆっくりたゆたうデカい人。私のかつての同僚の男は若木さんを見て、常に嫉妬の炎を燃やしていた。あんなおしゃれで、成功してて、かっこ良くて、それを鼻にかけてもいなくて、許せん。それを若木さんに伝えると、ただただゆったり静かに笑っていた。つまりそういう人。

若木さんに写真を撮ってもらうのは初めてではないが、撮られていてもあまり力まない。というより、力めないのだ。腰袋にガムテープやら軍手やら突っ込んで、がちゃがちゃ現場を走っているときから知られているので、力むだけ無駄だと思ってしまう。代わりに親戚のお兄ちゃんにでも撮られているような照れ臭さがある。

そして、こんなことを写真家に対して言うのはマズいのかも知れないが、若木さんの撮った私の写真は、別段きれいじゃない。つまり、あんまり下駄を履いてない。

あーこれ、私だ。と思う。多くのカメラマンは、実物の何割増しにもきれいに撮ろうと、あの手この手で努力する。こっちも彼らに言われるがままに、これまでの人生で一度もとったことのないポーズをとったりもする。上がってきた写真は、まばゆいばかりの美白、優美な微笑《ほほえ》み、愁いを帯びた遠い目線。……ありがとう。けど私、こんな顔、してます？　と思う。

多くの「撮り手」は、物事を自分が「こう観たい」ところに持って行くために対象の軌道を修正したがる。私も見たものを見たままに人に伝えることが出来ない。写真で言えば、ピントが一点だけに合い、「ここを観ろ」という主張が強い。若木さんの視点は、同じたとえで言えば、被写界深度が深く、すべてにゆったりと、等しく焦点が合い、どこをどう観るもあなたの自由だ、という感じだ。それは道しるべのない森の中と同じで、時に観る者を寄る辺ない気持ちにさせるが、急《せ》いて無理矢理どこかへたどり着こうとせず、しばらくゆっくりここに居ればいいか、と思わせる懐がある。

所在なげな姿というのは、一番絵にならない。演技の技巧も様々だが、とにかくの御法度は「照れる」ことではないかと思う。役者が照れたとたんに、「物語」のベールが引きはがされて、「嘘《うそ》」がまる出しになるからだ。自我はフィルムにすぐに写る。たとえ本心では照れていたとしても（本心で照れていない俳優を私は信用しない）、フィルムが回り始めたら、とにかくなり切ってみせることが肝要で、なり切ってくれさえすれば、下手《へた》でも何でも愛嬌《あいきょう》が出てくる。反対に、自意識にしがみついて所在なげにしている芝居ほど不格好なものはなく、撮り手からも観客からも、しらけられてしまう。若木さんに撮られた写真を見ると、「誰か」を演じられもせず、撮られることへの所在なさを隠し切れずにいる私が、不格好なまま写っている気がする。若木さんは、そういう不格好を排除せず、かといってそこを晒《さら》してあげつらうでもなく、そのまま受け入れ、「これもいいね」と言ってしまう希有《けう》な撮り手だと思う。

もう一人は、言わずと知れた荒木経惟《あらきのぶよし》さん。おびただしい数の名作写真集が発行されていた九〇年代に大学の写真部に居た私にとっては、とにかく神がかった存在で、写真など自分で殆《ほとん》ど撮らなくなった今でさえ、「荒木経惟が日本には居るじゃないか」といつも誇らしい。そんな人にレンズを向けられることがあろうとは。しかしカメラの前に立ってみると、緊張以上に、「あのアラーキーがシャッターを切る姿を、ド正面から見られるんだ」という感激に胸がいっぱいになった。それは撮られている者にしか見ることのできない唯一のアングルだからだ。

　私は撮られながら、穴があくほど荒木さんを見ていた。荒木さんは三脚を立てたカメラを細かに動かしつつ、ここぞ、という瞬間に軽くて朗らかな口調とは一転、三脚ごと動いてブレてしまわないかと心配になるほど、全体重をかけんばかりに力強くシャッターを切る。シャッターが切られるたびに、荒木さんの中から何かが強い圧力で放出される感じがする。射心、という言葉がよぎる。荒木さん流の言葉をあえて使えば、シャッターごとにブシュッと「愛」が吹き散る感じ。

　この人は、この一押しで、死んでもかまわないと思ってるのじゃないか？と思わせるほどの、狂気が漂う。とてつもない生き欲《エロス》と、死に欲《タナトス》がまぜごぜになった張りつめ方。まさに荒木経惟の世界。撮る者が往々にして陥る「盗る」行為とは対極的で、荒木さんが対象を見つめ、全身でシャッターを切ることは、せつないほどの奉仕に似ていた。その懸命さに、震えが走る。君がひるもうがひるむまいが、おかまい無しだ。俺は、「撮る《あいす》」、という覚悟が猛然と降り掛かってくる。愛というのは呼応する。ここまで尽くして自分を「見て」くれる人を目の前にして、一体守るべき自我などあろうか、と撮られる側も思うに違いない。これまで荒木さんが撮ってきた人たちの表情のわけが、染み入るように理解できるのであった。「撮られる」という受動態の言葉が、いいわ、あたし、撮られる。という主体的な響きに変容する。

　荒木さんに撮ってもらった写真は、どうだったかと言うと、はたして、たいへん「私」なのであった。バツが悪くなるような水増しはされておらず、実に自分らしい、と思えるのに、同時に、今まで撮られた写真の中の自分には見たこともないような、自信と意志と、孤高を抱え、あら、まるで荒木さんが撮ってきた、女の人のよう。自分一人でカメラの前に立っても、決してこんな風には写らない。荒木さんの撮ってくれた私のように、生きられればいいなと思った。非私的な理由で写真を撮られるようになって以来、自分の写った写真なんて見たくもなくなった私が、こんな風に思うのも、また初めてのことであった。

　もしかして、これが世に言う、「演出」というやつなのだろうか？　俳優たちはよく、自分の出演した映画をふり返り、「あんな自分は初めて見ました」などとコメントをする。自分で演《や》っておいてなんてとんちんかんな、と思ってきたが、なるほどな、とようやく膝を打つ日が来たのであった。こうして因果応報を続けながら、自分の仕事を再び知るわけだ。「撮る」もまた、様々なり。

x＝起源

「ジェイ・ノベル」2014年1月号

私の映画のデビュー作は、「放蕩《ほうとう》息子の帰還」のようなモチーフだった。ただし舞台は聖書にあるような豊かな農場ではなく、問題山積の家庭である。リストラで会社をクビになったことを秘密にしたまま膨大な借金をこしらえている父親、認知症の進んだ義父の介護で追いつめられつつも明るい良妻賢母を装う母親、そして、同僚との結婚を控えて何一つ翳《かげ》りも疾《やま》しさもない朝ドラの主人公のような小学校教師の娘。しかしその娘でさえも他言をはばかる一家の汚点、それこそが、幼い頃から虚言や盗みを繰り返し、家を出たきりになってしまった口八丁手八丁の兄の存在である。現在は香典泥棒で身を立てているこのろくでなしが、祖父の葬儀の斎場で一家と偶然再会し、やむなく家に戻ってくることで、この一家に充満していたすべての膿《うみ》が堰《せき》を切って溢《あふ》れ出し、秘密は暴かれ、「普通の家庭」を支えて来た良識や善悪の価値観までもが無茶苦茶になって行くという話。『蛇イチゴ』という題名で二〇〇三年に公開したが、題材を思いついたのは、一九九九年頃だった。二十五歳だった私はその頃現場の助監督で、カメラの前でカチンコをうまく打てるかどうかが、最大の悩みだった。映画の世界で生きて行くと決めてはみたけれど、自分にぴったりくる居場所がどこなのかはさっぱり分からなかった。

二人の子供が二人とも東京で職を持ち両親だけになっていた私の実家では、その一年ほど前から遠縁の人に譲ってもらった犬を一匹飼うようになった。ラブラドール・レトリバーの雌の子犬。飼い始めたきっかけは何だったのか、それを後に母に尋ねると、「犬でも居れば、帰省するにも張り合いがあるのになあ」と私が言ったのだそうだ。そんなこと言ったかどうか、もはや記憶も定かでない。しかし事実その通りになった。遅れて来た末っ子のような子犬は、みるみる大きく育っても、ひたすら純真、ひたすら無垢《むく》、久方ぶりに帰っても、よそよそしさのかけらもなく、尻尾《しっぽ》を振り回して喜んでくれる者の居る素晴らしさ。家の者は私も含め、外から戻って家族に挨拶をしなくても犬のもとには猫なで声で直行する習慣をつけた。人間、少々気分が沈んでいようが虫の居所が悪かろうが、猫なで声さえ出してみるとふしぎに気持ちが浮き立つものだ。これはほんとう。人間相手だとじきにバカバカしくもなってくるが、もの言わぬ動物相手だと、バカバカしさにいつまでも気づかない。大型犬で顔の大きさなどは人と変わらず、存在感が人間並みであるというのもあって、何かと話題の中心となり、家庭に会話の種が増えた。犬の話をしていれば、諍《いさか》いも鳴りを潜め、すべてが平穏であった。子はかすがい、その役目を私はうまく果たしもせずに、後から来た無邪気な子犬に丸投げした。

そして私はある日夢を見た。「一匹の野良犬が家にふらりとやって来て、家族関係を変えてしまう」という夢を。しかし一家の一員となったその野良犬は、実は過去に何人も人を嚙み殺した殺人犬であり、警察も保健所も、必死になってその行方を探していることが判明するのであった。私は心密かに決意する。「家族はおかげで円満だ。犬のことは可愛《かわい》いが、このまま匿《かくま》っていては、我が家が沈没してしまう」。そして無邪気に私にまとわりつく犬を、保健所の人間に差し出すのであった——完。

「何ちゅう発想じゃ」と母には言われた。

「最低だと思う」と私も答えた。

が、これは映画のストーリーラインになりうる、と思った。

犬では映画にしづらいので、最初は殺人を犯した少年を匿う家族の話で脚本を書いてみた。当時は十代の少年による凶悪犯罪が重ねて起きていた世相でもあった。けれど少年とは言え、見ず知らずの人間を普通の家族が家の中に迎え入れるというリアリティを設計するのはとても難しい。それにこの話の核は、犬の犯した罪の是非ではなく、一見罪がないかに思われる、ただ人並みの平穏無事を望むだけの一市民（＝私）の冷酷さと残忍さにある。だから映画にするなら異分子（＝犬）の罪は、極力痛ましさを伴わず、観る者が痛快とさえ感じてしまうような巧みな悪事に置き換える必要があった。そんなことから富裕層を狙う香典泥棒の兄が出て来た。映画は「雨上がり決死隊」の宮迫博之《みやさこひろゆき》さんが演じてくれた。宮迫さんは、元をただせば犬だった。

私はこの作品をデビュー作にして、その後も映画を作るようになった。夢に出て来た殺人犬は野良犬だったが、あのアイデアを私に与えたのは我が家の飼い犬以外にないと私の母は言い切った。まさに、御犬様である。その御犬様が、十五年生きて、先日、死んだ。

名前はネルと言った。うちに連れて来られてすぐの頃から、ひたすらよく寝ていたからだ。

私は脚本を執筆するごとに、東京の宅を離れて数ヶ月実家に引きこもるから、そのたびに成長を眺めていた。落ち着いた犬種と言われるだけに、やんちゃだったのは最初の二、三年で、あとの十数年はうちの中では常に退屈そうにため息をつき、家族と少し距離を取った場所に寝そべっていた。犬というのはもっと溌剌《はつらつ》として、「飼い主、命!」的な生き物だった筈《はず》だが、と子供の頃に飼った柴犬と比べたりもしたが、聞くところによると、ちいさな子供が居たり、家族の多い環境で育てられる犬は性格も若々しく、威勢が良いのだという。

ネルの情熱は、すべて食い気に回されていた。満腹中枢が生まれつき崩壊しており、どんなものを与えようとすべて丸呑《の》み。我が家の一切の生ゴミ、残飯処理の役目を担っていたが、それでも両親は現代の正しいペットの飼い方に倣《なら》い、ネギやらイカやらチョコレートやら、犬には禁忌とされる食べ物にはそれなりに注意をしていた。しかし本人の頭の中には町内のすべてのゴミ捨て場の地図が完璧にインプットされており、隙《すき》あらば脱走し、ゴミの中に鼻を突っ込んであらゆるものを食いあさり、さらなる宝の山を求めて冒険に繰り出すことを生き甲斐《がい》としていた。ネギもイカもチョコも、あったものか。河川敷に生息する外来種の大ネズミであるヌートリアの子供、人糞《じんぷん》なども好んで丸呑みにしたと言う……恐怖!　古希を過ぎた我が父は、巨大なゴミ袋を口にくわえて引きずりながらどこまでも逃げて行く飼い犬を、「おーい、待ってくれーい」と叫びつつ幾度も泣きながら追いかけたそうである。ネルにとっては老いた飼い主らの愛情は在って当たり前のものだったが、おいしい物を持って現れる親戚や散歩仲間の人らのことは神のようにあがめており、顔を見るなり興奮は絶頂に達して一目散に駆け寄ったりして、家族をしらけさせた。彼らが帰って家族だけになると、また中三の男子のようにむっつりと押し黙った。

実家でラブラドールを飼うようになってから、東京の街でたまに盲導犬を見かけると、その自制心の強さに私は涙がこみ上げるようになった。電車に乗り合わせた乗客がレトリバー種の恐るべき食欲事情も知らず、匂い立つマクドナルドの袋をぶら下げていたりする。訓練の行き届いた盲導犬は、ハーネスを握った主人の傍にぴったり寝そべったまま、視線を動かすことすらしない。それでもよく見れば、鼻先がわずかにひくついていたりするのである。私は「馬鹿！」と言って、マクドナルドの乗客をぶん殴り、犬の首に抱きついて、泣いて赦しを請いたい気持ちに駆られるのである。

色々丸呑みして来たが、ネルはよく生きた。逃走の挙げ句、どこかで車にはねられて、傷を負ってとぼとぼ帰って来たこともあったという。河川敷の釣り人が釣り針を仕込んでおいた練り餌をいくつも盗み食いし、医者に腹を開けられたこともあった。「だめでも納得しよう。あの子は好きに生きたのだ」と両親は何度も自分たちに言い聞かせた局面があったと言う。母に言わせれば、「結局何人育てても、親が同じだと子は同じように育ってしまう」らしい。そして「さんざん手を掛けさせておいて、母親に対する感謝が欠けている」とも。どーも、すいやせん。

大型犬の寿命は比較的短く、十歳を超えたら御の字だと言われていたから、五年くらい前から家族全員が覚悟を決めていた。私も父母のペットロスばかりが気にかかり、亡き後は何らか代替物が必要なのではないかと思案したが、その背中を枕にして昼寝の出来るような大型犬との暮らしに慣れてしまうと、ちいさな犬は可愛らしくともおもちゃのようにしか思えないと母は言って聞かない。とはいえ、老いてゆく一方の夫婦に、若い大型犬をもう一度散歩させる体力は望めないだろう。ましてや度重なる逃走の追跡など。ならば猫はどうか。散歩要らず、手間要らず。自ら毛繕いをしてくれるから、始終風呂場で大きな身体《からだ》を抱えて拭いてやる必要もない。しかし田舎《いなか》の農家の造りですきま風も絶えない我が家では、大型犬すら脱走可能なのだ。ましてや猫など、すぐに表の道路に飛び出てぺちゃんこだろう。ウサギはどうか、ハムスター、インコ、金魚、カメ、ブタ……「もういいよ。ネルでおしまい」。母は言った。

八月の盆前に実家に帰り、長い執筆に入った。新しい話を書くのだ。いつも映画が先で、小説はそのあとの残り物のおいしいところを集めるようにして書いて来たが、今回は順序を逆にしてみようと思った。くどいようだが、映画は一行のト書きが金で計算される。

店にはザ・ローリング・ストーンズの『ジャンピン・ジャック・フラッシュ』がかかっていた。

小説で書くはゼロ円。映画でやればウン百万円。書きたいように書いているようでも、意外に金勘定と時間の計算の中で物語をやりくりしている。私にとって映画は生涯を誓った妻みたいなものだが、妻を相手に遠慮しない夫が居ないように、私もありとあらゆることを抑え込んでスイート10を迎えたのである。じっと我慢の夫であった。一度で良い。妻にはお願い出来ないことを、ぜんぶやらせてくれ。と言って私は小説という女に頼んでみたわけ。慣れないことゆえ、長い闘いになるのは目に見えていた。いざ組み合ってみると、妻の優しさが身にしみることも多々。

ネルは七月に十五歳の誕生日を迎え、人間の年齢に換算すれば、すでに百歳を超えているとも言われていた。脂肪のかたまりやら良性の腫瘍やらが身体のあちこちでふくらんで、身体のフォルムはぼこぼこに崩れ、歩き方もおぼつかず、もはや段差を跳ね上がることが出来ないので、なじみの大工さんに頼んで土間の上がりかまちに合板でスロープをこしらえてもらった。私が執筆で滞在するとき、ネルは大抵傍にあるソファの上に居た。酔漢のような大いびきをかいて寝た挙げ句、ふと目を覚まして私の方を見ては、「あんた、まだやってんの」というような視線を向けて来ていたものだった。こちらが猫なで声を出しても、あきれたようにため息をついて寝返りを打ち、また眠った。そのソファにも、もう上がれなかった。人生を賭けて来た脱走も、これではもう叶《かな》わない。しかし食欲だけは盛夏の暑さをものともせず、相変わらず旺盛そのものであった。いつの間にか歯も殆ど無くなっており、益々《ますます》本格的な丸呑みであった。

九月に入って、突然涼しくなった。毛皮に埋もれている身体は若い身でも辛《つら》かろうに、こいつ、今年も夏を乗り切ったな。と思った直後のある晩、いつものように夕食をがつがつ呑み込んだ後、突然糸を切られた操り人形のように四肢が崩れて倒れ込み、板の間の上でそのまま粗相をした。大して厳しくしつけなくとも、少し言えば分かる楽な犬だった。そういうことは、初めてだ。横たわって何時間も眼をカッと見開いたまま、ふうふうと荒い息をついていた。鼻先に食べ物のかけらを差し出しても、口を固く閉ざしていた。ついにその時が来たのだと思った。

今年の初めくらいに、新聞の連載で三谷幸喜《みたにこうき》さんの愛犬のラブラドールが亡くなった経緯を読んでいた。うちよりもだいぶ若かったが、肝臓を患っていたように記憶している。あの忙しい三谷さんが幾晩も愛犬を抱きしめて看取《みと》り、そして彼もまるで三谷さんの行く末を案じるように、じっとその目を見つめていたということが書いてあった。三谷さんと愛犬の心の会話は涙無しには読み切れず、そして、遠からず、我が家にもそのような別れの日々がやってくるのだろうと覚悟した。犬は死期が近づくと、とにかく人の近くに居たがるものだとも聞く。私も、最後まで傍で寄り添ってやろうと決意した——が、我が家のネルは、肩すかしを食らうほど、その態度は乾いていた。目を見開いてはいるが、かまうな、とばかりに、こちらの目を見つめ返しはしなかった。傍に寄り添ってやっても、それは本人の四肢が動かないから、逃げもせず、私たちにそれを許しているだけという雰囲気だった。倒れてから一日半寝たきりだったが、スポイトで口に水を注いでやるとぺろぺろ舐《な》めるようになり、いったい何が良かったのか、ふしぎにふらりと立ち上がった。奇跡の復活、感動の生還、ネロとパトラッシュとが抱き合って生を喜び合うような図を想像したいところだが、うちのネルは機嫌良く餌にまっしぐらだった。復活したのだ、と実感した。私はネルの身体の中で何が起こっているのかが気になって仕方なく、インターネットで様々にものを調べ、起きている症状から病状の真相を探ろうとしたが、母は、「老い」のなせるもの以外の何ものでもない、と割り切り、「よほど苦しんでのたうち回らない限り、病院には連れて行かない」と一貫していた。そしてネルに、「もう向こうの世界に行く準備をしてるんだよね」と話しかけた。ネルはまるで人ごとのように、煮干しを丸呑みしていた。

ネルは、数日元気に歩き回り、私たちと同じように過ごすと、また、ぐにゃりと倒れ、そのまま空を見て寝込むのを繰り返した。初めは立ち上がると、「治った治った」と喜んでいたが、繰り返されるうちに、立ち上がっても「今回はいつまで立っていられるだろう」とその次を予想するようになった。かつて冬場は母や父の寝具の中に潜り込んで寝ていたものだが、もうネルは必ず人気《ひとけ》のない台所でひとり眠るようになった。私の執筆の場にも寄り付かなくなった。まるで猫のような死に入り方だなと思った。私は執筆中は完全に夜型だから、夜半から家族が起き出してくる明け方まで、仕事場の扉を開け放して、台所でかさりと音がするたびに行って寝返りを打たせてやった。犬でも床ずれが出来るらしいのだ。そんな日々がひと月。出来れば私は、ネルが元気になったタイミングで執筆を終えて、東京に帰りたかった。そうすればまた次の帰省のときに、とぼとぼと出迎えてくれるのではないかと期待していたのだ。しかし私の遅筆はネルの寿命に先を越された。ひと月きっかり家族に付ききりで看取らせて、ネルは死んだ。寝たきりの時期をふたたび脱して少し元気になり、朝ご飯を食べて、自分で裏庭にふらふら用を足しに行った後、身体を強ばらせ、息が止まった。私たちの目を見るでも、劇的な泣き声を上げるでもなく、あっけなく。

動物の死というのはさっぱりしている。一日だけ家の中に寝かせて、翌日父が裏庭を掘って埋葬した。スロープを造ってくれた大工さんと、同じようにラブラドールを飼っている散歩仲間の奥さんが一人、お花を持ってやって来てくれ、四人で運んで、土をかけて終わり。洋服の一着も、蔵書の一冊も、財産も、遺書も、残っていない。跡目争いもない。少しだけ残ったドッグフードを、また別の散歩仲間に譲ってお終《しま》いだ。誰一人、ネルに遺恨を持つ者も居ないだろうし（ヌートリアの母親以外）、ネルの不幸を哀れむ者も居ないだろう。こんなふうに、死ねたらねえ、と思った。身内の自慢は気が引けるが、つくづく良く出来た犬だったと思う。長く生きた末、ひと月しっかり家族に看取らせて、気持ちの準備をさせた、それ以上の孝行があるだろうか。欲を言うなら、痛いとか苦しいとか、それくらい言って聞かせてくれよと思う。そうやって気の痛む思いを重ねられもすれば、私たちにも看取りの苦しみから解放された安堵《あんど》もあっただろうに。

ネルが死んですぐに私が東京に戻るのでは、両親もなかなか堪《たま》らないのではと思っていたが、結果的には「いい加減にしろ」と言われるまで私の執筆は長引いた。家の中は静かで、誰ももう猫なで声を出さないのが心配だが、代わりの者を招き入れる気配もない。私も十五年の執筆の合間、ふと顔を上げるたびに目が合っていた者が居なくなった。これからは、誰に見張られていなくても、書かねばならない。

ネルが我が家にやって来たことが、無意識のうちに私に映画の原案を作らせていた。あれは思えば、「出会い」の話だった。私は今回の帰省中にネルが死ぬとは予期していなかったが、気がつけば、「別れ」の話が書き上がっていた。そんなものだろうか。新作を、楽しみにしていてください。

x＝仕事場

「ジェイ・ノベル」2014年4月号

外は十三年ぶりの大雪であると言う。東京で見るのは珍しい、こまかくてさらさらした雪の粉が、淡いグレーの空を音もなく舞い散っている。東京は雪に弱い。テレビでも「大雪、大雪」とにぎにぎしく、羽田《はねだ》発着何便欠航、何線が運休、何道路が通行止め、不要不急の外出はお控えください、とアナウンサーたちが声を張りつめて伝えている。しかたがないので遊びに行く予定を諦めて原稿を書くとする。この真っ白い氷の粉が、東京を東京でなくするのだ。定刻通りに狂いなくどんどん人やモノを運び、入れ替え、また送り出し、それを可能にしているからこその「素晴らしき東京」なのであり、さもないとこの都市にはただ混乱だけが充満し、もはや誰にとっても不便で不満な土地に成り下がるのか。汝《なんじ》かなしき東京よ。私は、けれどこの機能不全に陥った、白いしずかな東京が好きだ。私の部屋から見下ろせる真っ白い遊歩道では、さっきからいい齢《とし》をしたカップルが雪を丸めて投げ合って、互いの背中に凍《しば》れる手を突っ込み、転び、髪振り乱し、奇声を上げている。雪は人を幼くする。白き幼き東京、これもまた好きだ。

さて長らく、私は自分の仕事場をこの東京の自宅と、遠く離れた広島の実家の居間とに置いて来た。助監督時代に現場仕事にうんざりしては、「今わたし、脚本《ホン》書いてるんで」という言い訳とともに追っ手かなわぬ実家に退き数週間引きこもるという方策に味をしめて、気づいたら十五年以上が経《た》っていた。

二十代の頃は、「生活費の節約」という釈明もかろうじて通用した。四畳半と三畳の間取りのじめじめした豪徳寺《ごうとくじ》のアパートに、通信制の大学に通うヒッピーまがいの友人と同居していた。容易には食えない世界で頑張っているんだ。親のすねをたまに齧《かじ》るのだって、そう悪いことじゃない。誰に話して聴かせてもそう共感を得られたものだ。しかし気づけば四十である。バカボンのパパより一つ下。実家にちょくちょく帰って来ては、親の作った飯を食い、親の洗ったパンツをはいて、親の沸かした湯に浸《つ》かる。バカ田大学の後輩だって、こんなやつはいない。「結構結構。そんな場所があるなんて、うらやましい限りですよ」とあいづちを打ってくれる相手の瞳の奥に潜む軽蔑の色を、私は見逃したことはない。

実家に帰ると居間のこたつに日がな一日かじり付いて仕事をしている、などとこれまで他所《よそ》では言ってきたが、ほんとうのところは違う。そんな集中力があるならば、東京だろうと、居酒屋のカウンターだろうと、恋人の膝枕でだろうと仕事は出来るはずなのだ。ではどこへ行くかというと、昼に起き出して家族と飯を済ませると、近所の国道沿いのファストフード店や、郊外型の巨大ショッピングモールのコーヒーショップに夕方まで入り浸るのだ。物書きには、昼間は外の、ある程度のざわめきの中でコーヒーを飲みながら書く、という人も少なくはないらしい。かつて伊坂幸太郎《いさかこうたろう》さんもファミリーレストランや喫茶店を使われると話していたし、建築家の坂口恭平《さかぐちきょうへい》さんや、漫画家の井上雄彦《いのうえたけひこ》さんもそのように言っておられたのを読んだことがある。同業ではポン・ジュノ監督もソウル市内に何軒か行きつけのすてきなカフェがあって、数時間ごとに梯子《はしご》してはシナリオやコンテを書くのだと言っていた。

私の実家の近くには、すてきなカフェは一軒も無い。いや、新しく通った道路沿いにすてきなカフェのようなものが出来たなと思って先日足を踏み入れたら、赤ちゃんやちいさな子供を連れたお母さんたちの午後の集会所と化していた。母たちの愚痴や悪口と子供たちの元気な声にあふれたその場所は、本来の茶飲みの場そのものだ。彼らは恐らく土着の人々ではないが、昔は畑と田んぼばかりだった場所に味気なく広い道路が敷かれ、ピカピカの住宅が立ち並び、そこに新たなる土着が生まれようとしているのだ。「ノマド・ワーカー」などという居場所を持たない種族はこんな地域には存在しない。とりすました顔でMacBookを開いたりすれば浮きまくるだろう。仕事は職場で、勉強は学校で、ということだ。私の生まれ育った町のあたりでは、まだ人間一人一人に真っ当な居場所が確保されているということなのか。

私は「すてきなカフェ」を諦めて、ショッピングモールのコーヒーショップで、一杯三百円のコーヒーを頼む。一番ちいさいサイズのものである。近くの大学の学生とおぼしき、つるつるした肌のお姉さんが、「これをお見せ頂きましたら、今日一日おかわりは百円です」というレシートをくれる。私は後生大事にそのレシートを握りしめ、隅っこのテーブルにつき、パソコンを開き、ノートを開き、書いては打ち込み、打ち込んではまた書きを繰り返す。

ショッピングモールという場所柄、大方はつかの間の休憩所として利用する客層だが、そこへ行けば私のように行き場のない者が数人、常客として存在しており、おのおのテーブルの上に自分の店を広げている。しかしその中でも、あやしい女が一人、平日の昼間にたびたび出没するのを私は知っている。どう見ても、肌質的に三十を越えているとおぼしき女。伸び切った艶のない髪を、年齢不相応なおさげにして、大きな袋を肩にかけ、完全に凹凸を失った岩のような身体を揺さぶりながら、もりもりとホイップクリームの盛られた抹茶色の飲み物とサンドイッチをトレーに載せて入ってくる。

席に着くなり女は、背中を丸めて猛然とサンドイッチにかぶりつく。一口ごとのインターバルが極端に短い。かといって、丸呑みしているわけではない。一回ごとの咀嚼《そしゃく》にこめられたサンドイッチへの妄執が霊気のように立ち昇っている。こんなにもサンドイッチと、いや自らの食欲と、公共の場でがっぷり四つに組み合う女を私は他に知らない。

女は二分と経たぬ間にサンドイッチを平らげてしまうと、今度は照準を抹茶色の飲み物に移す。うずたかく盛られたホイップクリームを、ちいさなスプーンでたいへん規則的に、それでいて野性味いっぱいに口に運ぶ。実に旨《うま》そうである。実に充足した笑みが頰に浮かんでいる。

ホイップクリームの山があっという間に消えた後は、ひな鳥を抱くように両手でカップを包むと、初めてストローを口に含み、ものすごい吸引力で一気に抹茶色の飲み物を吸い上げる。ああ、そんな速くっちゃ、と思わず声を上げそうになるが、実は女には計算がある。抹茶色の飲み物が透明なカップのちょうど三分の一まで減ったところで、つと吸い上げをやめるとすっくと立ち上がり、カップを握って真《ま》っ直《す》ぐに店の中央まで歩いて行く。店の中央には、お砂糖や、蜂蜜や、ミルクやらを、セルフサービスで継ぎ足せるカウンターが設置されている。女は、迷う様子もなくミルクのポットを持ち上げて、中身が十分な重さであることを確認すると、もう片方の手に握ったカップの口にポットを傾け、表面張力の極限までなみなみと真っ白いミルクを注ぎ入れるのである。

もはやカップの液体のグリーン系の色素成分は、最小単位まで希釈されている。女はそれを持って再び席に着くと、肩にかけて持って来た大きな袋の中から、おもむろにかぎ針のついた編み物をとり出す。そして初めて「食欲と向き合う」という儀式を脇に置き、「かぎりなく純白に近いグリーン」の飲み物をゆっくりと楽しみながら、今度はしゃかりきにかぎ針を動かすことに集中し始めるのである。

女が編んでいるものは何なのか、誰かのためのものなのか、それとも自分用なのか、その全貌が明らかになったことはない。冬だろうが夏だろうが、女はただかぎ針を繰り続ける。そのまま小一時間編み物に没頭すると、どういうタイミングでか、瞬く間に荷物を片づけてコーヒーショップから去って行く。女は、容易に他者には踏み込ませないシャーマン的な空気をまとっているが、その口元には終始悠然たる微笑みも浮かんでいる。重々段々に色のくすんだ部屋着のようなものを着重ねて、到底勤め人には見えないし、かといって家庭の主婦にも見受けられない。何なんだ。何をしてる人なんだ。どんな経済活動をして、何で食っているんだ――女への関心と畏《おそ》れが、私の筆を止まらせる。コーヒーはもう、冷えきっている。

しかし、「こんな女が居る」と家に帰って話をすると、何を言うのよ。あんたの方がよっぽどよ。と母に言われた。色気も素っ気もない数着の洋服を着回して、週に何度かやって来ては同じような席を陣取り、延々としかめ面で、あるいは、薄ら笑いを浮かべてパソコンに何か打ち込んでいたり、棟方志功《むなかたしこう》のような姿勢で手垢《てあか》まみれのノートにごりごり書き刻んでいる不可思議極まれる中年女である。一番安いコーヒーを頼んだきり、結局百円のおかわりすらせずに三時間も四時間も粘るあんたより、すてきな抹茶色の飲み物やサンドイッチを買って、一時間もすればすっきり帰ってくれるその人の方が、店にとってはよっぽど上客である、と。とにかく、その人に目を奪われてる間があるならば、もう一行でも多く書いてから帰っていらっしゃい、と。まったくもって、ごもっとも。

「いいじゃないの。お仲間が居て」

「ええ、そのようですね」

同じ一意専心の、友を得たと思うことにした。


つるつるの肌のお姉さんたちは、行き届いた接客教育によるものなのか、女にも私にもひとしく嫌な顔一つ見せず、いつ寄っても優しく接してくれる。が、あるときレジが混雑しており、てんてこ舞いで動いていたお姉さんが、私の顔を見るなり注文を訊《き》くのを省き、「いつものものでよろしいですか?」とさわやかな笑顔はそのままに尋ねて来た。私は、はっと赤面をした。――憶《おぼ》えられている。「一番ちいさいコーヒーを頼んで、粘るやつ」として。「いつまで経っても、一向に作品を書き上げられないやつ」として。「とうに誰かが書いたであろう陳腐な世界を、我が発見と思い込んで、必死に掘り起こそうとしているおめでたいやつ」として――。

私はお姉さんの問いに、はい、お願いします、と相好を崩して応えつつ、泣きたくなった。憶えられてないはずがないじゃないか。いったいどんなぼんやりならば、週の半分そこに来ては数時間も粘る客の存在を記憶せずにいられよう。それはどこかでわかっていながら、お姉さんたちの中に私の遅筆がインプットされていることを恥じた。たとえ彼女らの中に、それを責める気など毛頭ないとしてもである。

そんなことに懲りたからというわけではないが、このたび私は新たな仕事場を持った。いや正確には、持たせてもらう機を得た。映画の世界に私を入れてくれた師である是枝裕和監督が、自分の事務所を少し広くするので一緒に来ないかと誘ってくれたのである。師匠も天命の五十を過ぎた。近頃は、下で働く若い人々との間に差が開き過ぎつつあるので、若手にもう少し身近な存在の作り手として、おまえくらいの中堅の者が同じ場所に居たほうが良いのだと。ふうむ。

私と師匠はちょうど一回りの年齢差で、私が二十五歳で初めて脚本を書き始めた頃、是枝監督は今の私の年齢よりももう少し若かった。あの頃、私にとって四十や五十を超えた映画監督たちは、どんなに気さくでも子供っぽくても、雲の上の存在に見えた。もしも自分の直々の師匠が彼らのように年かさだったなら、監督業というもの自体がもっとずっと遠くに感じられ、到底踏み込む勇気も持てなかったかも知れない。「二十代のうちに監督しろよ」というのが、入った当初から繰り返し言って聞かされた師匠のことばだった。「出来ますかいな」と尻込みはしていたけれど、それも当時三十代の監督が言うことばだったからこそ、僅かでも現実的に受け止められていたのだとは思う。だからこのたびの提案に得心は行くが、しかし師匠は実のところ、何を為《な》そうとしているのか。

私たちは、五年前に父のような存在を失っている。是枝監督に映画を撮らせ続け、私にも映画を作るチャンスをくれた安田匡裕《やすだまさひろ》というプロデューサーがある日突然病に倒れ、帰らぬ人となってから、私と師匠は父を亡くした兄妹《きょうだい》のようになった。亡くすまで、その人が「父」であることにすら気づいていなかった。様々な人が励ましてくれたし、手を貸そうともしてくれたが、亡くした人を別の誰かで埋め合わせようとしても、それは叶うことではない。兄の背中に負ぶさるにしては私はすでに育ち過ぎ、兄は妹を背負うにはすでに抱えた世界が大きくなり過ぎていた。以後私は四年間、父の居ない世界をひとりで渡るすべを探り続け、兄は父の夢を終わらせまいと、休む間もなくものを作り続けた。気づいたら子供たちは、おのおのに育ち、はなればなれ。自分の思う世界を手にしたのならば、それはそれで良かったのかも知れないが——しかし兄は、まるで自らの作品の名さながらに、「息子」から「父」になることを決めたようである。つまり、行為を、血を、精神を、継いでいく。世界がこの先も続いて行くように。だからおまえ、ひとりで居ないでうちを手伝え。こう言われると、私は弱い。私の血の中に充満する、兄貴の後を金魚の糞のようについて行きたがるナチュラルボーン・リトルシスター気質が激しくくすぐられるからである。

この際私自身も、子供らの手の届きそうな存在として、存在してみるか。「あれしきならば、自分の方がもうちょっとうまくやる」——と目上の者を見くびったときにこそ、若い人間は自信がみなぎり、自ら跳んでみる勇気を得るものだ。私も「母」とは無理でも、行かず後家のあやしい叔母くらいにはなり得よう。

スタッフの人が、都心の静かな場所に3ＬＤＫのマンションの一室をみつけてきた。複数のプロジェクトが同時進行出来るくらいの、広くて、便利で、風通しの良い物件。一つは是枝監督の書斎。一つは編集室。一つは応接室。大きなリビングは、フリーランスのスタッフが集って作品準備をするスタッフルーム。下見について行ったとき、私は中の一室の奥に、小さな灯《あか》りとりの窓がついた三畳弱の縦長のウォークイン・クローゼットを発見した。ここここそが自分の居場所だと思った。中学や高校の頃、授業や部活の最中に、どうしても屋上や体育館の裏や、無人の進路指導室に足が向いてしまうやつ、そういう輩《やから》の好む場所。「ここなら××してもみつからない」と思える場所。是枝監督の大きなプロジェクトに関わる人たちがぞろぞろ出入りする中で、壁と壁の間に作られた隠し部屋のような場所で、座敷わらしのようにひっそりと存在し、爆弾魔のように手を動かす。壁の向こうで、笑い声や活発な議論が聞こえる中、「爆弾を作るんだ、爆弾を作るんだ」とつぶやきながら、ちいさな灯りの下で、ちくちく書いては消し、を繰り返す、そんな自分を想像したら、何だか無理なくここに居られる気がしたのである。

ものを作るのに、必要なものは何か。アイデア、情熱、才能、自信、金、愛情、怒り、希望、欲望、羨望、人望、その他各種色々だろうけれど、〈孤独は、人のふるさとだ〉と言った坂口《さかぐち》安吾《あんご》のことばの通り、さびしさに身を沈め、じっと孤独と詰める瞬間がなければ、作り手の中の鬼は物語で踊らない。ただし生業《なりわい》として続けて行くためには、それは「適量」でなければならない。その分量が実に難しい。人間関係を断ち切って、孤独な環境に自分を追い込むことは物理的には案外簡単だが、量が過ぎると心はやせ細り、生命力が奪われ、作る以前に立っていることが出来なくなるし、また、その厳しさから逃れたいが故に、「孤独から解放されること」だけが物語を終結させるモチベーションになったりもする。私がこれまで遠く離れた家族のもとに帰って書いて来たのも、日に何度か両親と顔を合わせてとりとめのない会話をしたり、夫婦喧嘩《げんか》をながめていたりすることが、私のたったひとりの道行きに灯《とも》る、ちいさな光になってくれてきたのであろう。

思えば是枝監督も誘い文句にああ言ったが、いつまでも所帯も持たずにいる私の身の上を、案じてくれてのことかもしれない。風呂場の石鹸《せっけん》で足を滑らせて死んだとしても、腐臭を玄関外に漂わせるまで気づかれないような死に方を弟子にされたのでは、たまったものではない。あの人この頃どうしてるんでしょうね、と何日に一回か、誰かが話題に出してくれるくらいの距離に置こうとしてくれる師匠の気遣いに、甘えることにしてみた。いつまでも、親は親、師匠は師匠である。

飽きっぽい性分だから、爆弾魔の小部屋にいつまで居られるか知れないし、老親たちは十五年共にした愛犬を失い、ペットロスの真っ盛りである。抹茶色の飲み物の女ともまた会いたい。壁の向こうの賑《にぎ》わいをうらやんで、ものを書くにはほどよい孤独にきりきりと胸を差し込まれつつ、それでも書けなければまた親のすね齧りに戻ったり、これからもまたうろうろと机を替えながら私は書いて行くのであろう。

この原稿ものらくら書いているうちに、十三年ぶりと言われていた積雪は、四十五年ぶりと訂正された。東京生まれの是枝監督は、子供の頃に練馬《ねりま》の町で三人入れるかまくらを作り、中で汁粉を食べたのを憶えているという。こんな何気ない会話を師匠とするのも実に久しぶりのことである。私にとっては、東京に来てから一番の大雪であるということだ。まだまだ、初めてのことにあふれている。

x ＝ 合宿

「ジェイ・ノベル」２０１４年７月号

私の遅筆は悪化の一途をたどっている。書けば書くほど書き方が分からなくなる。八十歳のときにアカデミーの特別名誉賞をもらった黒澤明《くろさわあきら》が「僕はいまだに映画が分からない」とスピーチしたことは有名だが、それは八十歳のアキラ・クロサワだからこその金言であって、私とはたぶん全然言ってることの意味が違うと思う。スタイリストの黒澤和子《かずこ》さんとお会いすると、「父だってずっと悩みながら作ってたのよ」と励まされ、その都度「やっぱ、そっすよね！」などと色めいてしまうけど、やっぱ、それは違うと思う。

遅筆をカバーするために、私なりに試行錯誤もしているつもりではいる。今回はいきなり映画用の脚本を書くのではなく、先に小説の形式で物語を作ってみることにした。

映像と小説の何が違うのかについては、今後も永久に議論されるところなのだろうが、私が一番大きく感じている両者の違いは、時間的制約の中に物語を当てはめるか否かという部分である。小説にも紙幅という制限は在るのだろうが、とにかく商業映画は、壮大な歴史物語であれ、小さなホームドラマであれ、平均的には二時間を目安にした完成尺が望まれる。

そんなものは関係ない、四時間でも、五時間でも、観せる価値のある映画は在るという強気の作り方も存在するが、五時間の映画は、仮に映画館が一日十二時間ほど営業するなら、一日にたったの二回しか上映出来ない。二時間の作品なら休憩を挟みつつ五回はかけられるのに。つまり客の回転が悪くて儲《もう》かりづらい。劇場はかけたがらない。配給会社が露骨にいやな顔をする。赤字を覚悟することになる。その上で、いーじゃねーか上等じゃねーか、この映画のために俺たち死んでやろーじゃねーか。そういう、腹にダイナマイトを巻くような開き直りが必要になってくる。

私にはしかし、さほど革命的な剛胆さはない。それに自分自身も映画が二時間二十分を超えるとお尻が痛くなる。ルールを瀬戸際で守りつつ、制約の中で何を省略して、何を観せるか。満漢全席を客にふるまうのではなく、限られた食材と経費の中で、いかに美味《うま》い天ぷらせいろを出すかを考えるようなものの作り方が、自分には合っている気がする。でもこの「美味い天ぷらせいろ」ってのがどうにも難しいんだなー。

話がそれてしまったが、つまり映画の場合は、二時間にはまる物語をゼロからこしらえる、もしくは、あらかじめ壮大なスケールの原作が存在しても、なんとか二時間前後にまとまるように集約する、というのが前提となってくる。

構成を練るときは、映画が始まって何分後に主人公を登場させ、物語が動きだす最初の契機が何分後に起こり、そして大きな転換点を迎えるのが何分で——あれ？しめくくりまでにあとどれくらい残ってるっけ……と時間の進行を考えながら物語を織って行く。私のやり方はざっくりと大まかなものだが、ハリウッドスタイルのシナリオ作りには、極めて細密なタイムテーブルに沿った作話メソッドが在るというし（多くのハリウッド映画は、「開始して一時間四十五分後に主人公はすべてを失う」つくりになっているらしい！）、ひとまずプロの脚本家と言われる人たちならば、常に上映時間の進行を意識し、それに追われているはずである。

しかし、物語には表と裏が存在する。スクリーンの裏には、表には一度も出て来ない設定や、そのシーンには登場していない人物たちの過ごす時間、生い立ちの秘密など、ありとあらゆる物語が潜っている。そういう類いを必要とするかも脚本家によるが、私の場合は物語を進ませる「手」を一つでも増やすために、いくつも準備する。

主人公の家系図を書き、代々の職業や性格を考える。祖父に可愛がられて育ち、母の性格を受け継いでいて、現在両親とどんな距離感で暮らしているか——そんなことを具体的に設定しておけば、困った時に家族の存在を使って物語を展開させる選択肢も見えてくる。幼少時代のエピソードや、犯罪モノなら容疑者や参考人の供述調書、警察の捜査会議の議事録なども作ってみたりする。それが完成した映画の表に出て来ることは滅多にない。役に立ったかどうかも分からない。ただ私が事態や人物を正確に把握しておくためだけの、九割方無駄なものである。正直なことを言えば、そういう道草を食いながら、第一稿の最初の一行を書き始める、あの運命の小舟を流れに落とすような瞬間を、一分一秒でも遅らせようとしているだけなのだ。

しかしいったい人生に、道草を食っているときほど楽しい時間が在るだろうか。そんな泡沫《ほうまつ》のごときものを鼻歌まじりに書いている時間は、「この道草の先にはきっと血の沸くようなほんとうの人生が待ち構えているんだ」というおののきと希望に満ちた、ティーンの香り漂う若葉の季節なのである。

けれど実を言えばそんな無駄な一場面の方が、脚本に書いたどのシーンより魅力的に感じられるときもある。もったいない気もするが、映画が「時間」に縛られる表現である以上、ストーリー展開にじかに貢献しないものはとことん削り落とされて行く。脚本は、とかく無駄の嫌われる読み物だ。いや読み物ではなく、それは図面に近い。脚本の一ページは平均的に一分弱の映像に仕上がると言われている。従って、プロデューサーは台本のページ数を見て、まず作品の総尺に見当をつけ、いくら資金が必要か、どの規模で配給するかを試算するし、記録係《スクリプター》がストップウォッチを片手にト書きと台詞《せりふ》を熟読し、推定の完成尺を割り出す。ト書きに滔々《とうとう》と文学的な修辞を巡らせたところで、自己満足的な素人《しろうと》芸と笑われてお終いだ。書き手の私は二時間前後に収まった物語であると見せかけるために、同じ意味の単語でも一番簡潔で、文字数の少ない同義語を探し出し、一行でもト書きの行数を削ろうと四苦八苦している。表現もへったくれもあったものじゃない。一度で良いから時間に縛られず、ページ数におびえず、書きたいものを書きたい言葉で書いてみたい、という希求に突き動かされ、このたび小説から書くことにしてみたわけである。またこれまで水面下に隠れていた様々な設定や、裏の物語をあらかじめ書き留めておきさえすれば、それがそのまま虎の巻となって、後に脚本を書くのはスムーズに違いないと踏んだわけである。

果たして、その読みは、甘かった。

小説も書き方は色々だろうが、当然ながらこちらには「言葉を尽くす」力量が必要で、映画のように主人公の部屋の風景を何秒か映して観せれば、その人物の収入額、趣味、家族構成などが自然と伝わるような横着は「書き手」には許されない。

脚本のト書きなら、

「四畳半。裸電球。古びた箪笥《たんす》とこたつテーブル。黄ばんだ万年床。」

と即物的な体現止めで文句を言われることもないが、小説では、それらをどんな順序で、いかなる文体で表現するかというところから書き手の技量が測られ始めるのだ。それは私達が現場で1カットを撮るにも、レンズの種類、画角のサイズやアングル、カメラの動きやスピード、すべてに意志と思考が求められるのに似ている。さらには文字数、ページ数とも脚本の十数倍は下らないわけで、映画の準備の時間短縮をもくろんで始めたはずなのに、書いても書いても、終わりはしない。ひー！

ということで、書き始めたのは二〇一三年の二月であったが、貯金を食いつぶし、広告などの仕事をもらったりしながら、小説の第一稿を脱稿したのが十一月。その後ようやく映画のために再構成し始めたわけだが、ちからいっぱい広げた風呂敷をコンパクトに折り畳むのには思った以上に苦労する。さらに悪いことには、「このままこれを映画のシーンにしたら最高だ」と思いながら書いていた場面を、いざ脚本にも謄写しようとすると、何となくゲンナリ。同じことを二度書くのは、退屈なのだ。自分で自分の芸当を真似《まね》てるようで、うっすらと幻滅もする。あ、その程度なのね、あたし。もう、これ以上は浮かばないのね、と。……ため息をつき、仕方なく重い腰を上げて映画のために書いた筈の台詞や場面をボツにし、新たなシーンを考える。これでは完全に二度手間である。私の戦略はいったい何だったんだと思いながら二〇一三年は暮れてしまった。じっと手を見る。

結局脚本として仕上がったのは二〇一四年の四月になってから。桜の散った頃に、神奈川県の茅ヶ崎《ちがさき》にある旅館に是枝監督らと共に数日泊まり込んで最後の筆入れをした。

この旅館は、「茅ヶ崎館」と言って小津安二郎《おづやすじろう》監督や新藤兼人《しんどうかねと》監督ら、黄金期の松竹を支えた監督や脚本家の執筆のための定宿として有名である。その小津さんが脚本家の野田高梧《のだこうご》さんらと長逗留《ながとうりゅう》して『晩春』や『麦秋』を書いたという海側「二番」の客室で、数年前から是枝監督も執筆をするようになった。

監督と脚本家らが何百日も旅館にこもってアイデアを出し合い、共同執筆をするなどという贅沢《ぜいたく》な慣習は、今の映画界からは失われてしまった。是枝監督いわく、せめて気分だけでもと、鎌倉を舞台にした『歩いても　歩いても』の脚本を書く際にひとりで「小津の二番」に泊まってみたらやみつきになってしまったのだそうだ。都会の仕事場を離れて浜の音を聞きつつ悠々としていると、たとえ筆が進まなくとも、新しい作品への思考回路の基板が仕上がっているのを帰京してから実感するのだそうだ。以来脚本執筆の大詰めになると、毎度若い演出助手らと茅ヶ崎館に数日泊まって仕上げるようになった。私もときどき声をかけてもらい、こちらは新藤さんらのご用達だったというすこし小さな「一番」の部屋を取って、合宿に加わるようになった。

旅館と言ってもたいへん質素な作りで、各部屋にトイレも風呂も冷蔵庫も無い。廊下に面した引き戸をがらりと開けると踏込みも無いままいきなり畳の部屋なものだから、各自のスリッパは部屋の戸の前に乱雑に脱いであり、まるで友だちの実家に来たかのような気さくさだ。それでいて古い床板も柱も鏡もぴかぴかに磨き込まれ、長い廊下の角ごとに、可憐《かれん》な花が姿良く生けてあるのを見るたびに、家や仕事場とは違うひきしまった気持ちになる。夏の間は海水浴客も来て、子供の姿もちらほら見るが、大概はいつ訪れても風に乗った波の音か蟬《せみ》の声しか聞こえず、部屋に置かれた十四インチのブラウン管テレビでは、唯一の趣味のスポーツ観戦にも身が入らず、筆を執るより他にない。もとは昭和の前期まで茅ヶ崎に在った「南湖院《なんこいん》」という巨大な結核療養所の入院待ちの患者たちが一時的に身を寄せていた場所らしく、そのため宿の人々もよほどの用がない限り、各部屋へ顔を出さない風習がついたのだとか。その「放っておいてくれる」のが気に入って、小津さんも長逗留したという話だが、巨匠にあやかってこうして訪れる後進も跡を絶たないのだろう。

是枝監督はいまだにものを書くのは全部手書きである。そのために昔の書生のように若い演出助手、つまり、私にとっての弟弟子、妹弟子たちがすこし広めの「三番」に詰めており、二番の部屋から手書きの脚本が上がって来ると、手分けしてパソコンに打ち込んではプリントアウトし、監督に戻す。しばし上がったばかりの脚本に目を通していると、数時間後には更なる改訂が出る、を繰り返している。私も十数年前には、小さなスタッフルームでその役目を担っていたものだった。それまでまともに脚本の勉強もしたことのなかった私にとって、その手書き原稿の一言一句に目を光らせ、正確にタイピングを繰り返す作業は、脚本というものがどのように変化し、時に道を誤り、また磨き上げられて行くかを定点観測出来る絶好の機会であった。

是枝監督は、ひとたび筆を握ったら早い。私の場合は一日に十から二十シーンを見直して、ちくちく細かい枝葉の剪定《せんてい》をするような直し方である。悠々と過ごすどころか、日割りでかさんでいく宿代への焦燥感と、師匠やその助手が常に薄い壁の向こうに居るという、見張られているような緊張感とでひりひりしている。掃除のおばさんには、布団のシーツの替えは二日に一度でいいと頼んで、頭が疲れたら座卓の傍に敷きっぱなしの床に横になり、十五分寝てはまた書く、を昼も夜も続ける。

ちなみに宿内で「映画監督」と認識されているのは恐らく是枝監督だけで、私はアンタッチャブルな年増の弟子の一人と思われているっぽい。受験生で言えば「十浪」みたいな感じか。宿の人たちは昔の習いか、是枝監督を「先生」と呼び、掃除のおばさんは私を廊下で捕まえると、「先生は、難しそうなお顔でお仕事されてるから、悪いけどタオル替えて来てもらえない？」と言って新しいバスタオルを手渡してくる。

たった四日か五日のことであるが、皆で夕飯時には互いの調子を聞いて、どこで躓《つまず》いているだとか、どう直してみただとか、あとは他人の悪口やら、互いの私生活のさぐり合いやらでひとしきり沸いて、再び各自深夜の執筆に向かう日々を過ごす。普段の夕飯は、近所のファミレスやら居酒屋やらに散歩がてら食べに出るが、最終日の晩だけは、小津さんが考案したという、宿の名物「カレーすき焼き」を是枝監督がごちそうしてくれる。監督の周りは下戸が多いが、肉と酒にありついて、私は勝手に酩酊《めいてい》する。

脚本は、一行目を書き始めるのも震えるほど怖いが、第一稿がお尻まで書き上がり、何度も読み返し、いよいよ人に見せられると思う頃になって、最後の一行の隣に、〈了〉と打つそのときも、今が本当に打つときか、と迷いに迷って手が震える。よく人から、映画作りをしていて一番嬉《うれ》しい瞬間はいつですかと聞かれるが、嬉しいかどうかはさておき、「了」の文字を打ち終わったときは、胸の中から目に見えない気体のようなものがふっと出て行く感覚がある。長く自分の中に巣食って私を支配して来た憑《つ》き物《もの》が、あっけなく失《う》せたような、安堵のような、さびしいような感覚である。今回は折よくその時をよく晴れた四月の茅ヶ崎の午後に迎えることが出来た。脱稿をして、人の居ないサザンビーチ沿いの店で地元の富裕層のおじさんの連れた大きな犬をなで回しながら飲んだビールは、また美味かった。

x＝女たち

「ジェイ・ノベル」2014年10月号

私の兄は子供の頃、「カブスカウト」というものに所属していた。いわゆる「ボーイスカウト」のちびっ子版で、毎週日曜日になると探検隊風の茄子紺《なすこん》のユニフォームを着込んでは、ひとりでバスに乗って市街地のお寺へと出掛けてゆく。そこでロープの結び方や火の起こし方、飯盒《はんごう》でのごはんの炊き方などを習って来ては、私の目の前で自慢げに実演したり語って聞かせたりした。最初は近所の幼なじみと二人で通い始めたのが、次第に学区や学年を越えて友達が増えて、それも私に自慢した。きわめつきは年に何度か林間学校のようなものに出掛けて行ってめくるめく体験をし、勿論《もちろん》私に自慢した。私は、自分も必ずカブスカウトに入る、と心に決めたが、兄は「小二になるまでだめじゃ」と言った。「小二になったら入る」と言うと、「女はだめじゃ」と言った。カブスカウトは少年のみが参加出来る団体だったのだ。しかし私は諦めなかった。物事には例外が必ずあると信じて、小二になるのをじっと待った。

小二になって、母に入会を申し込んでくれと頼んだが、「決まりなんだからどうしようもないでしょう」と諭された。全く納得出来ない。母は慣例を覆すために何の努力もしようとしないじゃないか。床を踏み鳴らしてごねていると、「だったら自分で電話して、向こうの人を説得してみなさい」と母は言った。あーやってやろうじゃありませんか。私はダイヤルを回し、カブスカウトに電話した。優しい声のおばさんが出て来た。

「カブスカウトに入りたいんです」

「あらそうなのね。あなた、小学二年生以上ですか？」

「二年生です。入れますか」

「ええ。それなら大丈夫ですよ。お名前と、住所を言える？」

「ニシカワミワです。住所は、広島市……」

「ええと、ニシカワ・ミワくんね……ミワくん？」

「あのう……わたし、女の子なんです」

「あら、女の子？　女の子なの？　だったらごめんなさい。悪いけど入れないのよ。女の子ならガールスカウトっていう団体があるから、そちらに問い合わせてみてね」

「だめです。カブスカウトがいいんです」

「だめってあなた、カブは男の子ばっかりなのよ。何もかも、男の子と一緒にやるのよ」

「大丈夫です。女の子だけど、がんばれます」

「そう言ったって、やっぱりあなた一人だけ入れるってわけに行かないのよ」

「どうしても、だめですか」

「だめなのよ。ごめんなさいね」

電話を切った。私は顔を覆って泣いた。カブスカウトを諦めた。度し難いことがこの世にはあると知った。自分が女に生まれたことである。

もう一歩、なにくそと思える人は、人生の切り開き方も違うのだろうが、私はいつしか自分の持って生まれた性に対してひしゃげた思いを抱くようになり、おんなのこ、おんなのこ、と自分の性別を強く意識せざるをえないような場所にはこちらからも出向きたくない、という奇妙なこだわりが染み付いた。

その後女ばかりの中学校に入ってしまい、「危ない」と思ったが、女は女ばかりで居ると女の顔をしないから、その中では自分が女であることも忘れて悠々と過ごした。その後共学の大学に進むと女の子たちは皆まっ白い膝をぴったりそろえて座っており、「しまった」と思った。もう女の中にも男の中にも、どこにも所属出来ない感じがした。

映画の現場も、自分が進んで行ける世界とは素直に思えなかった。地方に育った私には、親戚縁者を見回しても映画界で働く女の人は一人も居ないし、ドラマや映画の中でも、女性の映画スタッフなどという存在が取り扱われているのを当時は目にしたこともなかった。そんな場所で女が働いているもんかね、と思っていた。実際、撮影現場はマグロ漁船や炭坑にも通じる肉体労働の職場であった。屈強な身体の猛者《もさ》たちが昼夜なく汗にまみれ、大きな声を掛け合いながらひしめき合うのが現実だ。そういう場所で働くことが嫌なわけではなかったが、「ここはお前の来るとこじゃない」とまた言われると思うと、嫌だった。「何で居るの」と人から思われる場所で生きていくのは辛い。「女の子だけど、がんばれます」だなんて台詞は、それ自体が卑屈でこめかみが震える。

それでもふしぎに縁をもらって映画の現場に職を得たわけだが、実際に四方を雄々しい先輩たちに囲まれて、縮み上がった。今だから言うが、ほんとうにみんな、怖かったのだ。撮影所システムが崩壊した後の「街場育ち」といわれるフリーランスの徒弟制のもと、何の後ろ盾もない中で生き残って来た職人たちの眼光の鋭さはなまなかではなかった。報われない過剰労働、薄給、長過ぎる下積みと先の見えない将来、それでいて、一ミリの手先のブレも許されない緊張の連続によって、彼らの目の奥には直視するのも怖いような諦観と怒気の色が折り重なっていた。「誰も頼みやしないだろうに、お前も自分の好きで来たんだろ」という問答無用の圧力を前に、私は肛門《こうもん》のすぼまるような日々を送った。もう「おんなのこ」も「おとこのこ」も忘れてしまうほどである。事実、誰からも「女のお前の来るとこじゃない」という部類の言葉を言われた記憶はない。ただ、「お前はほんとうにここを居場所に出来るのか」という斬るような視線は常にあった。私にも、それは皆目自信がなかった。

当時一つの現場に女性スタッフは片手に収まるほどしか居なかった。記録係《スクリプター》、ヘアメイク、スタイリスト、プロデューサーなどは比較的古くから女性も担って来た部署であるが、その他の力仕事を伴う技術職は圧倒的に男性の領分だった。私は助監督時代、上にも下にも一人の女性もついたことがない。駆け出しの頃に出会ったメイクやスタイリストのお姉様方は、監督に対しても歯に衣着《きぬき》せずぴしゃりと物申しては、「だってみんな黙ってんだもーん」としゃがれた声で笑い飛ばすような人が多く、強面《こわもて》の男性スタッフもお姉様を相手取るときは尻尾が下がり切っていた。私もお姉様方のことは恐ろしかったが、実際にはどの人からもずいぶん優しくしてもらった気がする。同性の後輩だから気が置けないというよりも、同性だからこそ、気を遣ってもらっていたのだと思う。折に触れて、「よくやってるね」「遅くまでお疲れさま」と声をかけてくれるのは女の先輩だった。今思えば当時よりもまたはるかに女性の少ない時代の現場でしのぎをけずってきた人達だから、男性上司ばかりの中で心が折れそうになる若い者の気持ちを、よく汲《く》み取ってくれていたのではないか。自分たちが庇《かば》わないで、誰がこの子を庇ってやるのか、という、母ライオンのような厚い優しさに触れた記憶がいくつかある。

けれど両膝を地面につけて仕事をする助監督の身としては、実のところそういう部署の女性たちには何となく隔たりを感じてもいた。スタイリストやヘアメイクも重い荷物を上げ下げし、立ちっぱなしの重労働だが、何が違うと言って、とにかく私たちは手が汚い。鋼鉄の機材や、土や、カチンコに字を書くチョークやらで散々に汚れている。俳優の身体などに、触れられたものではない。身につけている洋服の色や素材も、同じ女でも先のような部署の女性と我々とでは微妙に異なるのである。汚れることを前提にしている服とそうでない服。特にカメラのすぐ傍に位置する人間は、対象物がガラスや車体などの反射しやすいものだった場合、白い服や明るい服では目立って映り込んでしまうので、黒を着るべしという鉄則がある。私たち撮影者にとっては、〝自らが映ってしまうこと〟＝〝悪〟なのだ。だから撮影部は黒一色。カメラの隣に待機する助監督も、それに準じる色目のものを着るのが常識だった。私が三作品一緒にやってもらったカメラマンの柳島克己《やなぎじまかつみ》さんは、夏は派手なアロハと決まっているが、曰《いわ》く、「〝映り〟が出れば、そのとき黒い布を被《かぶ》ればいいじゃないですか。映りが出てるのかどうか、ぼくが居たほうが逆に気づきやすいんですよ」と。もっともらしいが、そう言ってのけられること自体がキャリアと自信の証明である。当時の私は上の人たちにただ教えられた通り、文字通り黒子のように息をひそめていた。それに元々のずぼらが加わって、一日の撮影が終われば髪はぼうぼう、汗染みの出来た黒づくめのズルズルである。アイロンのかかった白いものをすっきりとまとったお姉様方に食事に誘ってもらっても、一人だけ焼け出された浮浪児が御呼ばれしているようないたたまれなさがあった。

そんな中で、美術部の女の人たちだけは、勝手ながら「同じ穴の――」と思えた。腰から金槌《かなづち》やペンチやドライバーをがちゃがちゃとぶら下げて歩き、資材を担いでセットを建て込み、建具を運び、床を張り、箪笥を持ち上げ、土埃《つちぼこり》、おがくず、ペンキ、血糊《ちのり》に爪の隙間を汚している。

助監督の役割は、最上位のチーフがスケジュール担当、二番手が俳優と衣装担当、三番手が美術担当、とキャリアの順にきっちりと分担されている。下の者は、美術部のところへ詰めて、小道具や飾り物の指示を伝え、管理を習い、彼らを手伝うことから始めるのである。この美術部に女の先輩が何人かいて、私はその人たちにずいぶん助けられた。男の先輩は基本的に「見て盗め」というハードボイルドな人種が多いので、手取り足取り教えてくれるなんてことはまずない。「美術部のとこへ行って来い」と上から指示されるままにぽかんと口を開けてやって来た私に、あのね西川さん、これが助監督さんの仕事なんですよ、と微に入り細に入り教えてくれたのは彼女らであった。

埃にまみれていても、燻《いぶ》したように日焼けしていても、彼女らは、人に対して声を荒らげることはなく、言葉を尽くして朗らかに話をした。その目の奥に諦観や怒りがにじんでいたのを見たことはなく、私に対しても監督に対しても、同じ敬語を使った。ペンキだらけのルーズな服でも、借り物ではない人生をまとい、彼女たちは、ちゃんとそこを自分の居場所にしているように見えた。カブスカウトに憧れ、カブスカウトしか受けつけようとしなかった私は、生まれて初めて女の人に憧れた。

そうやって駆け出しのときに良くしてもらった美術の林千奈《はやしちな》さんと、先日久々に広告の仕事をした。小柄で華奢《きゃしゃ》ながら、シェリー・デュヴァルやヴェルヴェット・アンダーグラウンドのニコを彷彿《ほうふつ》させる日本人離れした外見で、細い腕を組んで煙草《たばこ》を吹かして考え事をする姿がすてきな人だ。今回は、私は監督の立場、千奈さんはセットデザイナー。かつて何もかもを教えてやった小娘を「監督」と担ぐのはいったいどんな気持ちだろうか。けれど千奈さんはいつ会っても、初めて会ったときと何も変わらない。

当時千奈さんは二十八歳の美術助手だったが、すでにどんなに年上の監督や技師からも一目置かれていた。仕事は勿論丁寧だったが、何より千奈さんは短い会話の中にも必ず人を笑わせるポイントを入れていた。吉祥寺《きちじょうじ》育ちの東京弁は品よく、歯切れよく、語彙も豊富だった。誰とでも笑いとともに会話をし、一度もけんか腰になったりしないのに、どんな強面からも丁寧に接されていた。二十三歳だった私は千奈さんを見て、二十八歳という年齢は途轍《とてつ》もなく成熟したものに思えていたが、そんな二十八歳にはならぬままだった。

四十五歳になった千奈さんは、その間に結婚も離婚も経験して、髪の毛はベビーピンクに染まっていた。美容院で染めるんですかと尋ねたら、「こんなの美容院で頼んだら、下品になっちゃうかも、って渋られちゃうわ。ほんとの下品がどんなものだか教えてやろうか、って喧嘩になるから、自分で染めてます」と言って、おほほと笑った。今も煙草をやめてはおらず、殆ど人の寄り付かなくなった喫煙スペースでひとりゆっくり煙草を吸って、考えている。

いつの間にかどの現場にも、女の人が増えていた。私の若い頃より、どの部署の人達も、みんなずっときれいだ。一年ぶりに迎えた広告の仕事の現場は、カメラマンは写真家の市橋織江《いちはしおりえ》さん。アスリート並みに引き締まった百五十センチ台前半のコンパクトな身体で、35ミリのカメラを抱え、小さな隙間にでもひょこっと入り込んでフィルムを回す。にこやかだが、ふだんから口数は少なく、煩悩を超越したチベットの高僧のような空気をまとった人で、私は面と向かうたびにドキドキしてしまう。何だか心の芯まで悟られてしまっているよう。撮影前には殆ど打ち合わせもしなかったが、蓋《ふた》を開ければ市橋さんが構える画《え》は一つ一つ、はっとするほど自分のイメージに寄り添っていた。いや、市橋さんが構えた画を見て、「自分がイメージしていたのは、これだったんだ」と発見するのだ。これしかないよなあ、と思いつつも、もうちょっと他も見てみたい、という欲がたまに湧いたとき、「市橋さん、もう一つ寄っていいですか」という言葉が、躊躇《ちゅうちょ》もなく口をついて出ている。そういうときに、ふしぎに何の遠慮も緊張もない。「はーい」という、細いが透き通った声が、新鮮な朝日のように現場を貫く。

ああすてきだな、と女の人に対して思うことが、年々多くなってきた。

（追記：「カブスカウト」は後に、少女の入隊も認められたそうです。床を踏み鳴らし、自ら直談判して来た少女が、私のほかにも跡を絶たなかったのかもしれません）

x＝子供たち

「ジェイ・ノベル」2015年1月号

扉の向こうの廊下から、身体をまっ二つに裂かれるような子供の泣き声が聞こえている。やあだ、やあだ、マーマ、マァーマ、ビエエエエ。やあだ、やあだ、マーマ、マァーマ、ビエエエエ。

私たちは会議室の長机の上で手を組んで、じっと待っている。彼女が、ほんのひととき母親のもとを離れて私たちの目の前に腰掛ける勇気を奮ってくれるのを。何もいきなり一人きりになって、踊れ、歌えというのではない。同年代の女の子たちと五人一組、一緒に入って、まずはおじさんやおばさんたちと他愛ないおしゃべりをしてくれさえすれば良いのである。よもや寝耳に水でもないだろう。きっと昨日《きのう》も、一昨日《おととい》も、こういうことをしに行くからねと、大好きなお母さんに重々言い含められて来たはずだ。現に他の幾人かは、そんな泣き声もどこ吹く風で、すでに私たちの前の大人用の椅子の上で、ぱっくりと両足を開いてカラフルなパンツを見せている。

「いやあだ、いやあだ、いやあああああああ!!」

そりゃそうだ、と思う。そりゃ嫌だよ。いったい何だ。この奇妙なシチュエーションは。三歳か四歳の子供がこんな具合に無理矢理親と引き離されて泣く状況を他にも考えてみた。お医者に行って、予防接種や歯の治療をしてもらうとき。大泣きするが、がんばれば大病を免《まぬか》れ、悪かったところも治る。保育園の入り口で、母親と別れるとき。大泣きするが、がんばればお父さんもお母さんもお仕事に励むことが出来る。そして子役オーディション。大泣きするが、がんばれば子役スターとしての栄光が待ち構え、お父さんやお母さんの勤労の報酬とは桁違いの大金を手にすることが出来る。……んな、あほな！　明らかに最後の一つだけ、不確定要素が多過ぎる。泣いて嫌がるのを押してまでやらせるようなことじゃない。「はじめましょうか」と私は切り出す。

「はいみなさんこんにちは。じゃあ一人ずつ、お名前と何歳かを教えてもらえるかな」

考えてみれば、子供たちと関わる職業は種々にあるけれど、子供と肩を並べて、共に仕事をする職業は、私たちを含む娯楽産業くらいではないかと思う。オーディションにやってくる子供たちの大半はプロダクションに所属して、親たちにはこれから芸能活動をやらせて行こうという意志があるし、子供もそれを了承済みで、中には何らかのレッスンを積んでいる子供たちも居る。立ち上がるなり唐突に、「得意な表情は、『にこちゃん』です！」などと言って息をのむような満面の作り笑いを見せてくれる子供も居るし、一時期の子役ブームの影響から、「よーい、スタート」で滂沱《ぼうだ》のごとく目から涙を溢れさせる大竹しのぶ級の技術を叩《たた》き込まれた子役も居るとか、居ないとか。そうかと思えば自己紹介の挨拶だけを、お題目のように暗唱させられて来る子も居る。

「おはようございます○○キッズプロダクションからきましたにしかわみわですよんさいですすきなたべものはりんごとばななとほうれんそうですとくぎはあやとりとあなゆきですよろしくおねがいします！（スゥゥゥーッ！　と息継ぎ）」

「はいこんにちは。へえ、『アナ雪』が特技ってことは、歌を歌ったり出来るのかな」

「……（首を傾《かし》げる）」

「ん。違うか。えーっと、『アナ雪』の誰かの真似をするの？」

「……（さらに首を傾げる）」

「うん。じゃ、『アナ雪』は映画を観たのかな。映画館に行ったの？」

「……（もう頸椎《けいつい》が折れそう）」

「……わかんないか」

「（こっくり）」

　やってくる子供たちも、実に様々だ。


　世界に子供がいる限り、世界をひらく鍵の多くは彼らに握られているし、私たちの描くものにも、彼らはしばしば大きな役割をもって登場する。だから私たちは共に仕事をしてくれる優れた子供たちを選ばなければならない。しかし私にとっては、演出の仕事をやる中で、カメラの前に子供を立たせる瞬間が、最も不安なことの一つである。気が重いのだ。大人の俳優と演出家の間には、「あなたが『やる』と言ったんだ。だから徹底的にやらせてもらう。そのかわり責任は持つ」という、強固な共犯関係が成り立っている（ことになっている）。けれど相手が子供だと、やっぱり一方的に「強いている」ような感覚が拭えない。まだ自我の芽生えきってもいない、覚悟もおぼろげなものを、大人が何のかんのと言いくるめて連れて来て、その無垢の上澄みを吸おうとしているような。

母親と離れるのを嫌がって、オーディションルームに入って来ることも出来ないような子は、健全で良いと思う。大人がたくさん居て、あれこれちやほやしてくれて、楽しそうだ、と胸をときめかせている子供を見るのは辛い。——そうなんだ。一見楽しそうなんだ。でも君が眠たくなっても、私たちは撮影をやめない。同じことを何度もやらされて、飽き飽きしても、私たちは許してあげられない。ついにはゲロを吐いたり、泣きじゃくったりしている君を、許さない。現に辛抱の限界が来て泣き出してしまった子に対し、「今だ」とカメラを回してもらった経験も私にはある。本物の泣き顔が撮れ、本物の泣き声が録《と》れた。何が残ったか。リアルなカットと、苦い思い出である。そういう世界に、君を引き込むのが嫌だ。だってまだ子供だろ？　と思う。子供がこんないびつなことをしなくったって、いいじゃない。やめたくなったらやめてもいいような遊びをしなよ。帰りたくなったら帰ったり、泣きたくなったら泣いたり、それが君らの特権だろ？——と、「カット。だめだね。もう一回」と私は子供相手に冷徹に言い放ちながら、思うのだ。そういうジレンマに、悩まされたくないのである。はー、大人相手は、気楽だな〜。

イランの巨匠、アッバス・キアロスタミ監督は、演技経験のまったくない人々をキャスティングするので有名だ。キャスティングした子供たちから本物の表情を引き出すためには、「このような思いでやってくれ」と言葉で心情説明をするのではなく、不安げな表情を撮るために、彼らを本心から不安にさせる仕掛けを作るという。

子供が宿題の件で担任の先生にひどく叱《しか》られ、次に同じことをしたら退学にする、と脅される場面の撮影である。まず美術スタッフがポラロイドカメラで子供の写真を撮り、それを彼にプレゼントする。嬉《うれ》しそうに写真を手にしていると監督らがそれを見て褒めるが、さらに嬉しくなった彼に、監督はそっと耳打ちする。「助監督には気をつけた方がいいよ。彼はポラロイドで子供の写真を撮ることを禁じてるから」と。そしてポラロイドを宿題の紙の間にはさんで隠させる。すると例の助監督がやって来て、写真を撮った美術スタッフをこっぴどく怒鳴りつけ、散々に非難する。子供はそれを見て、ひどくうろたえ、不安げな面持ちになる。その瞬間にカメラ、スタート。さらに助監督は彼の目の前まで進み出て、宿題の紙を取り上げ、中に隠したポラロイド写真を破り捨てる。子供は泣き出す。助監督は、泣き声に自分の声が被らないように、怒鳴るのをやめ、口を閉ざす。不朽の名作と言われる『友だちのうちはどこ?』の冒頭の一場面。カメラが捉えた子供の表情が他に例がないほど真に迫っているのは、いわずもがなである。

「こうした環境を作ってあげないと、なかなかうまく演じてくれないんです。いくら泣いても、いくら涙が出ても、肌に悲しみが出ないとダメなんです」とキアロスタミ監督は言う。ホンモノを撮るためには、手段を選ばずどんな嘘も仕掛ける、というのが特徴的だ。限りなくホンモノの涙に見えるが、実際には子供は宿題の件を責められて泣いたのではない。ポラロイドを破られたから泣いたのだ。そういう意味においては偽物である。しかし「先生に怒られた泣き方」と「ポラロイドを破られた泣き方」の差異を見破る観客はきわめて少ない。結局映画は見せ物であり、悲しいかな、役者が「どんな気持ちで演じているか」よりも、観客に「どんなふうに見えるか」がすべてなのだ。誠実に子供に心情説明して、そのように演じろと言った上で子供が出してくる演技よりも、偽物でも強制的に泣かせる方がより「ホンモノに見える」とふんだ上での演出だろう。ただしこの解説を知った上で作品を観直してみると、子供の表情はたしかにきわめて迫真的だけれども、彼は泣いているのではなく、泣かされているのだというのが微《かす》かに画面から伝わってくる。彼は「演技」をしているのではない。監督も子供に「演技」など求めていない。

その手法は、やれば確実に「ホンモノ」を捉えられるのだと思う。しかし多くの演出家はまた、そういった方法論を取る姿勢を選択しないし、私も多分それは出来ない。願わくば演じ手と演出家が、互いに分かりあい、技量を信頼しあい、同じ着地点を目指して互いを騙《だま》さずに進みたいのだ。――甘いね〜。そんなことで世界を驚かすショットが撮れるなら世話はない、とキアロスタミなら笑い飛ばすだろう。二〇一一年に日本で撮影されたキアロスタミ作品『ライク・サムワン・イン・ラブ』に参加した日本人クルーたちは、いかなる過酷な状況でもスタッフや俳優の労苦を顧みず、一切の妥協も許さず老獪《ろうかい》に突き進む監督の完璧主義を評して口々に「完全なる人でなし」とささやいていた。それは言葉通りの人格批判であり、同時にこれ以上ない賛辞とも取れる。世界的にも飛び抜けた作品を作る人とはそういうものなのか、と私は妙に納得し、同時に満足した。しかし撮影がキツくて泣き出してしまった子供に対してちゃっかりカメラを回した私と、意識的に子供を泣かして撮ることと、どちらがより残酷なことなのか。そういう手法のもとに、演じ手の心が傷つくことに対しても、自覚的に織り込み済みであるだけ、キアロスタミ方式の方が潔いとも言える。

「さあ、お兄ちゃんとふたりで、コンビニにお買い物にきました。『あーちゃん』はこのコンビニの『ひよこちゃんカレー』が大好きなの。ゆで卵が入ってて、おいしいんだ」

「りんちゃん、ゆで卵きらい」

「そうかー。りんちゃんはゆで卵嫌いかあ。けど、今からりんちゃんは『あーちゃん』に変身するからね。お名前は？って聞かれたら何て答えるんだっけ？」

「……あーちゃん」

「その通り!! で、あーちゃんはゆで卵が好きな子なのよ。いいかな？」

「（こっくり）」

「だから、ひよこちゃんカレーがどうしても食べたいって、お兄ちゃんに言ってみよう。そしたら、どうしてひよこちゃんカレーが好きなのかってお兄ちゃんが聞くから、ゆで卵が入ってておいしかったって、お話してくれる？」

「（こっくり）」

「じゃ、聞くけど、あーちゃんは、何でひよこちゃんカレーが好きなんだっけ？」

「ゆで卵が入ってて、おいしかったから」

「すっぱらしい!!」

そしてオーディションは続く。

子供たちは、私が思っているよりも、状況に積極的に応じ、物事をすすんで理解しようとする。彼らがこちらの言葉を聞こうと真っ直ぐに見つめてくるそのまなざしの美しさには、心から励まされもするし、またひるみもする。子供が信用に足らないのではない。子供を相手にすると、はなから腫れ物に触るように判断基準が緩み、合格点を低く設定しようとする自分自身が信用ならなかったのだ。人の親になったことのない者がゆえの引け目もあるのだろうか。子供に無理強いしたくない。心に傷を負わせたくない。嫌われたくない、という、映画の現場を乗り切るには、不必要に人間的な感情が湧いてきて、そういう弱さを自分自身が直視し切れなかった。キアロスタミほどにはなり得なくても、弱くては、映画は作れない。次の作品には子供が出てくる。この世界の大きな鍵を握る人々と、がっぷり四つに組み合ってみることが、私にとっても一つの大きな課題である。私はいったいどんな子供たちと、どんな関係を作って行くのだろうか。まだまだオーディションは続く。そして人生も。またの日に報告をします。

「ジェイ・ノベル」２０１５年４月号

x ＝ 春

出会いはたのし。別れはかなし。と、人は言う。

人生がもし、出会うばかりで別れの無いものならば、どんなにあかるいだろうか。学が無くたっていい。仕事がコケてもいい。貧乏したっていい。モテなくってもいい（出会いばかりなのにモテない？……ま、いっか）。学をつけることも、仕事を成功させることも、富を手に入れることも、モテることも、すべて難題ではあるけれど、しかし運や縁、努力がうまく噛み合えば、人生のどこかの瞬間で、チャンスはあろう。しかし、別れ。一体にこれだけは、人がこの世に生を享《う》けた限り、どんなにがんばろうと、運が良かろうと、逃れることの出来ない現象だ。まずもって最終地点には、自分の人生との別れが待ち構えているからね。それが行く末の大団円である限り、人生の本質は、別れであると言っても過言ではない。

また話の風呂敷を広げているが、何が言いたいかというと私もまたここのところ何人かの人と別れを遂げたということだ。幸い死に別れではない。去年の六月、私は家の隣のスーパーのクリーニング店に喪服を出して以来半年以上、一度も身近に不幸が起こっていない。三日に上げずに仕事帰りにスーパーには立ち寄るのに、荷物が増えるのが億劫《おっくう》で、次来たときはね、次こそね、と思いながら放置してしまってるのが、却《かえ》って良いのじゃないか。喪服が手元に無い限り、このまま誰も死なないのじゃないか、と縁起を担いでみるとして——。

「死に別れ」でないとすれば「生き別れ」しかないが、まさか悪党の術中にはまって泣く泣く二艘《そう》の小舟を引き離されたわけもなし。結局おおよその別れは、自分の意志で引き起こしている。実に口はばったいが、つまり私は新しい作品を作るにあたって、過去の作品を支えてきてくれた幾人かと、別れを遂げたのだ。いや、「別れ」と言うてくれるなかれ。「次」もあるのだ。「またいつか」もある。ただ、今回は別の人の持っている個性と出会ってみたい、というだけだ。違う技術や、違う方法論を試してみたい、という挑戦なのだ。永遠のさよならというわけじゃなし。ただ、私は、次があるかどうかも分からぬ寡作の無頼だ。宵越しの企画は持たねえ。「毎度、これが遺作と思ってやっております」というのが決め台詞とも屁理屈《へりくつ》とも自認している。永遠のさよならかもしれない、という不安に押しつぶされそうなのは、むしろ別れを切り出した私のほうだ。

……何をいったいそこまで脂汗をかくことがある？　と思われるかも知れない。作品が違えば、スタッフも替えて当然でしょう。そんなことにいちいち誰も、目くじら立てやしないでしょ、とあなたは言うかも知れない。理屈はその通りである。しかし私は、一人の監督に何作品も貢献してきたスタッフが、あるとき急にお呼びがかからなくなって、ぺしゃんこに打ちひしがれているのを見たことがある。監督から梨のつぶてのまま、「今回は別の方で、と思っております」とプロデューサーづてに宣告されて、やけ酒をあおりくだを巻いている姿を見たことがある。「ほかの野郎に鞍替えしやがった」と、後々まで口汚く呪っているのを見たことがある！……スタッフは、嫉妬深い妻だ。どこまでも献身的で、その情の深さに偽りは無いが、自分の呈してきた愛情とひきかえに、未来永劫《えいごう》の契りが約束されたものと思い込んでいる。明文化された契約などなくとも、こちらのかけた苦労の多さ、過ごした日々の長さで事実婚と認定されて行く。出来の悪い亭主でも良い。稼ぎが悪くともかまわない。ただ、裏切りだけは許されない。……そら。あなたも、奥さんに言ってみればいい。「違う個性に出会ってみたい。別の技術を試してみたい」と。

実際、私だってスタッフたちには言ってやりたい。何だ、自分はことわりも無く、好き勝手色んな監督とつきあうくせに。おれが一度でも、文句を言ったか。どこをほっつき歩いてんだ。次の準備が出来るまで、じっと待つのが女房だろう、と言ったか。とんでもない。いつも眉尻を下げて、「そうかそうか、それは良い体験だね。さぞや勉強になるだろう。楽しんでいらっしゃい」とおまえが他所でこしらえた苦労話や自慢話を聴くばかりじゃないか。本心はどう思っていると思う。「あんなつまんない男のどこがいい。あいつと寝られて、おれとも寝るつもりか。この淫売！」

……けれどそれも、しかたがないのだ。私には四十人の妻を養い続ける甲斐性《かいしょう》などないのだもの。今現在も映画界で引き継がれている、「〇〇組」という物々しい呼び名は、とうに潰《つい》えたスタジオシステムの残滓《ざんし》である。一作品終われば、監督にはすぐ次の仕事が上から降りてくるわけではない。オファーが来るのを寝て待つか、自分で企画を書き上げて出資につなげない限り、誰も面倒を見てはくれない。監督に仕事が来るのを待っていたのでは、周りは皆干上がってしまう。だからスタッフは黙って自ら仕事を見つけ、他所の現場へ渡っていくつもの「組」の常連となり、自分の身は自分で守る。それでも「次はいつごろ？　教えてよね。体空けとくからさ」と言ってくれるのだ。遠く、北の町、南の町で、他の男に抱かれながら。好きになったりもしながら（もともとそっちのほうが好きなのかもだけど）。私がひとり気ままにちびちび脚本を書き、季節は巡り、思い出もすべて涸《か》れ果てた頃に、いきなり連絡をして「おい、やるぞ」と言えば、中身をあらためようとさえせず、渡り鳥のようにまっすぐに戻ってきてくれる人たち。いったい誰が彼らを裏切れようか。ねえあなた、言えますか。「違う個性に出会ってみたい。別の技術を試してみたい」と。——いや、だからこそ、言うべきなのだ。

縁故と、革新。

私は、スタッフとの縁故によってでしか、映画を作っては来られなかった。ぜったいに。けれども私たちは、スタッフとの縁故のために映画を作るべきではない。ぜったいに。気兼ねない仲間たちと和気あいあい、楽しく映画を作って、楽しく死ねたらな、とは思うけど。ゆかりあるスタッフの喜ぶ顔をこの目で見るほうが、見知らぬ観客の喜ぶ顔を想像するよりも、幸せを実感しやすいけれど。それでも、かけらほどでも何か新しいものを探してみるよりほかに、この仕事をして生きる意味はない。

種々に思い巡らせた末、何作も共にした幾人かとは離れる決意をし、別の人を招き入れた。新たな人にオファーを入れるのは、ドキドキするが、実に上向きな気持ちである。「あなたが好きだ。あなたが欲しい」と言うんだから。相手を戸惑わせることはあっても、傷つける言葉じゃない。翻って、別れは実に、切り出しづらい。ずっと逃げ回り、黙っていたい。別れの理由など言いたくない。相手だって聞きたくもないだろう。聞かれたらどうしよう。「私のいったいどこが駄目?」「好きな人って、どんな人」「ねえ、いつから考えてたの」……暗澹《あんたん》とする。いったい何と言えば良い? どうやったら傷つけずに済む? 電話の発信ボタンを、押せないまま、じわじわと時間が過ぎて行く。

迷いながらも、電話で事情を説明したり、会いに行って直《じか》に頭を下げたりしてみた。中にはほんとうに、救いようもないほど暗い目をして、差し向かいで釈明する私の目をまったく見なかった人も居た。初作品から、ずっと支えてきてくれた一人であった。仕事の局面で、泣き出しそうになることなどもう滅多にないが、自分で釈明しながら珍しく、こみ上げた。声が震え、しゃくり上げるかと思った。悲しいからではない。恐ろしくてだ。人の梯子《はしご》を手ずから外すことはこんなに怖いものか。まるで、恩を仇《あだ》で返してるみたいだ。そんなことをしたかったわけじゃない。けれど結局、傷つけずに人を切ることなど無理なのだと私は知った。切られる者と同じ痛手を食らってでも、おまえは別の場所へ進む覚悟が出来ているのか、とのど輪を食らって問いつめられている感じがした。話をしているうちに、互いの無念が胸を満たしていく。「嫌いで別れるんじゃないよ」だなんて、綺麗事《きれいごと》だ。結局どこかに不足があるから、人間同士は別々の道を歩き始めるのだ。面と向かうまで気づかなかった「もっとああすれば良かった」「こうすべきでした」という思いが、卓上に溢れて、縁《へり》からこぼれ落ちた。無論、皆までぶちまけているわけではない。しかし互いにもう、相手が何を言いたいか、何を思うかが分かっている気はした。別れのとき、人はそれまで共に過ごしたどの瞬間より、より鋭敏に通じ合うのかも知れない。

カメラマンの柳島克己さんとは小さなテレビドラマも合わせると三本連続で仕事をさせてもらったが、新作の撮影は別のカメラマンで挑戦することに決めた。北《きた》野武《のたけし》監督作品のメインカメラマンでもある柳島さんはキャリア三十年の大ベテランだし、交遊や活動のジャンルも幅広い。若輩の私が「次は別の人とやります」という仁義の切り方をすること自体お門違いの気もして、迷いがあった。ずるずると、その機を逃していた。年末にモロッコの映画祭で一緒になったぴあフィルムフェスティバル主催の荒木啓子《あらきけいこ》さんが、「ジミーさん（柳島さんのあだ名）とみんなでご飯食べに行こう！」と年明けに少人数で晩ご飯の会を開いてくれた。にもかかわらずしたたかに酒に酔った私は、柳島さんとかつてのアイドルとのほのかな恋の話に花が咲いたのに乗じて、そこでもおめおめ機を逃してしまった。終わってから、同席したチーフ助監督が心配してくれた。「言わなくて良かったんですか」――良くはない。良くはないんだ……。

数日後の午後、私はついに電話をかけた。ちょうど柳島さんは電車で移動中で、まるで私の逡巡《しゅんじゅん》と決意がもてあそばれているかのように、幾度も電話は行き違ったが、ようやくにしてつながると、私は大きく息を吸い込んで、「もしかしたらすでにどこかからお聞き及びかもしれませんが」と切り出した。次の撮影は山崎裕《やまざきゆたか》さんにお願いをしてみることにしたんです。ジミーさんにはもっと早くにお伝えするべきだったのかもしれないんですが――

「ああ、聞いてますよ。どこから聞いたんだっけかな。でも、ともかく聞いてました」

柳島さんは知っていた。そういう噂《うわさ》は早いから。人から噂で聞かされたとは。私は自分の不義理を改めて詫びたが、「いやあ。監督がそんなこと気にしないでくださいよ。ぼくは、みんな色んな人とやったら良いと思うし、ぼくらは、誰とやっても良い仕事じゃないですか」と、電話の向こうの柳島さん。何だかまたしても泣き出しそうになった。言葉があんまりやさしくて。本心だか、嘘を言ってくれたのかは、私には知り得ない。ともかく自分は仕事をしてきて良かったと思った。仕事をしたから、この人とも逢《あ》えたんだ。柳島さんは自らも春からは長崎で新しい作品の撮影をするのだという話をされた。ジミーさんまた。と私は電話を切った。別れはかなし、と人は言う、けど。

ニューカマーの山崎裕さんとは、私は二十代前半からのおつきあいである。御齢七十四歳（ニューカマーは私のほうか）。ドキュメンタリーカメラマンとしてテレビの黎明期《れいめいき》から凡《およ》そ五十年のキャリアを持ち、是枝監督の作品も劇映画、ドキュメンタリーともに何作も撮影を担当されている。劇映画一筋のカメラマンとはあきらかに種を異にする、カメラと肉体が癒着を起こしたような独特の身体性。三脚にカメラが載っていたはずなのに、ちょっと目を離したらカメラを肩に担いで監督の指示もそっちのけに被写体にがぶり寄っているような場面を、私も助監督時代からいくらも見てきた。性格も含めて制御不能なほど直情的、野性的で常に周りをはらはらさせながらも、しかしふしぎに「撮る」という行為に暴力性を感じさせない。とにかくレンズを通しての対象との関係性や距離感の作り方や現場での撮影者の「居方」に敏感な人だ。山崎さんがレンズを向けているんだから、これは「撮っても良いものなんだ」とすら感じさせられる。撮られている人も、不愉快ではないんだ、という安心感。それは綿密な計画性を作らない中でカメラを回す上では、とても希有なことである。その山崎さんが、自ら所有するスーパー16ミリのフィルムカメラで回してみる。山崎さんが、自由にカメラを担ぎ、今や絶滅の危機に瀕《ひん》している「フィルム」を回し、私が映画を撮る。これも、いつまたあるか知れない、一回性の経験だ。

もうすぐ春だ。最後に于武陵《うぶりょう》の詩「歓酒」で。訳は井伏鱒二《いぶせますじ》。

歓君金屈巵　コノサカヅキヲ受ケテクレ
満酌不須辞　ドウゾナミナミツガシテオクレ
花発多風雨　ハナニアラシノタトヘモアルゾ
人生足別離　「サヨナラ」ダケガ人生ダ

x＝二枚目俳優

「ジェイ・ノベル」2015年7月号

その人と出会ったのは、ちょうど一年前の新緑の季節であった。桜の新芽と同じ明るい色のニットを着て私たちの事務所に訪れたその人は、勧めた椅子に猫のようにしなやかに腰掛けると、片方の肘掛けにそっと体をあずけ、獲物を品定めするような目で私をじっと見つめてきた。

その日がやってくると決まったときから、私は楽しみ半分、苦痛半分だった。いや本音を言えば、楽しみ40、苦痛60というところだろうか。いや、65、もっとかも——それはいつもそう。映画を作るときはいつもそう。ほかの人たちはもっと楽しんでいる？　わくわくと、子供のように浮き立つもの？　主演俳優と、初めて顔を合わせるとき。何度経験しても、おそるべき瞬間。まるで居合いのような緊張感。いや、「見合いのような」と言うべきか。彼らは常に素っ気なく、さして私に興味のないポーズを貫きながらその実、目の端でねっとりとこちらを観察し、声にならない激しい圧力をかけてくる。私はあなたに賭けていいの？　あなたは私の人生を捧《ささ》げる価値のある人なの？　ねえ、私の人生をどうしてくれるつもりなの？　ねえ！　ねえ！　ねえ!!　そう問われている気になって、息が詰まる。「知るか！　そんなのこっちが訊きたいよ！」そう返したい気持ちをじっと抑えて、私はいかにも分別ありげな微笑みを浮かべて彼らに語りかける。「大丈夫ですよ。きっと、大丈夫」。……嘘だよ。嘘なんだよ。全然ダイジョバナーイ！　不安ではち切れそうなのは、こっちも一緒なのだから。

しかしこのたびの苦痛のパーセンテージが高いのには、実はもう一つ理由があった。私はかつてその俳優に、一度こちらからオファーをしておきながら取り消してしまった不始末の過去があったのだ。主役だった。大事な役だ。大事な役だからこそ、周囲には第一線の有名俳優でやらせたいという思惑があった。

「監督、Aさんてのはありますか」

「……なるほど、そう来ましたか」

「お嫌いですか」

「いや嫌いじゃありません。むしろ私はずっと、自分のデビュー作のころから気になって来たんです。やっぱり華があるし、二枚目だけどチャーミングなところがあると思う」

「じゃ、ありですか」

「どうでしょう。ないとは言わないが……でもちょっとこの役本来のイメージとは距離があり過ぎて」

「つまり、顔が良すぎるってこと？」

「そうです。だって私が書いたこの役は、町を歩いていても誰一人ふり返ったりしない、外見に秀でたところなどない男、という設定ですよ」

「だから面白いんじゃないかと。つまり逆転の発想ですよ。美男中の美男であるAさんをあえてそういう風采の上がらない男として起用してみるって新鮮じゃないですか。ご本人、やったことがないんじゃないでしょうか、こういう路線」

「そりゃそうでしょうが、桁外れの美男を凡夫に見立てるのには限界がありますよ。整いすぎた顔立ちというのは、それはそれで崩し難い高い壁です。『みっともなさ』や『不細工さ』も、持って生まれたものがなくちゃサマにならないもんですよ。金もない、仕事もない、友達も女も居ない、人生で何一つ良いことのなかったような落伍者《らくごしゃ》の役を、くりくりおめめの二枚目が背中を丸めてそれらしく演《や》っているような芝居を見て、薄ら寒い思いをしたことはありませんか？　ホントかよ。ホントにお前みたいな陽《ひ》の当たる顔の男に『良いことが一つもない』なんてことがあるのかよ、と。私は鼻白むね。醜男《ぶおとこ》がカッコつけてるようなのよりも、断然鼻白むね」

「いったいどうしたんです。二枚目に何かされたんですか」

「されたことはありませんが」

「そういうのは演出のしようによるんじゃないんでしょうか、結局のところ」

「そうやって私の技量に責任を押し付ける気ですね。……とにかく、あるとするなら妻の役との組み合わせによりますよ。美男美女の役者同士を並べたのでは、どんなにボロを着させたって市井の夫婦の話には見えづらい。この役を仮に美男の俳優にやらせるのなら、妻は不美人であるべきです。何でこんな脂ぎった男に、こんな地味な嫁さんが？　というような夫婦は巷《ちまた》に居ますもの。そういう糟糠《そうこう》の妻と、その安定的な愛情の上にあぐらをかいている色男の夫、という図は、悪くはない。でも不美人でもいいんですか？　ヒロインが。それで映画の採算が取れますか」

「不美人の設定のために必ずしも不美人の女優をキャスティングするには及ばないと思います。演出のしようによるのでは？」

「またそれか！」

「とにかく交渉を進めながら考えましょう。先方にスケジュールが空いているかだけでも聞いてみてもいいですか」

「ほんとうにスケジュールを聞くだけ？」

かくして私は、消極的ながら交渉の駒を進めることにあいまいに首を縦に振ってしまったのだ。夜になってから冷たい布団の中でよくよく考えた。違う。違う。この役は、やっぱりあの人じゃない。このカードで、使うべき人じゃない。ミスキャストだ。妻の役のほうは、かねて望んでいた美しく有能な女優が引き受けてくれていた。まるでひな人形の最上段のようなキャスティング。違う。これはそんな話ではないはずだ。このまま進めば、役にも、役者にも、不幸なことだ。頭の中で自分の声がわんわん響いた。朝起きて、プロデューサーに電話した。

「ごめんなさい。やっぱりごめん」

「ごめんていったいなんですか」

「やっぱり、ないです。あの人は。私が浅慮でした。ごめんなさい」

「……」

婚約破棄を、する気持ち。自分からプロポーズをしておいて。ああ。もう逃げて、消えて、なくなりたい。

仲人たちは私の代理で頭を下げに行き、「残念ですが、是非また別の機会にご一緒させて頂ければ、と仰《おっしゃ》ってくださいましたよ」と、先方のマネージャーの柔らかい言葉をお土産《みやげ》に帰って来たけれど、そんな言葉は嘘だと思った。あの人自身はどれだけ傷ついたろう。バカにされたもんだと感じただろう。数日経ち、たまたま行った映画の試写会でその人の奥様とばったり出くわしたが、私は、言葉をかけることさえ出来なかった。一年以上経ち、映画が完成してから今度はその義母上《ははうえ》とお会いする機会があり、「観ましたけどね、あの役はうちのあの人でなくて正解でしたよ」と感想をもらった。私は喉の奥に、大きな大きな塩のかたまりがつっかえたような気持ちで、直立していた。

そんなことから年月は流れ、私もまた新しい物語を作った。新しく私が書いた主人公は、四十代後半の、長所をすべて顔に吸い取られてしまったような男だったのであるが、せっかく二枚目を書いたのに、その人物の特徴と見目麗しいAさんとを結びつけることさえ出来ずに居た。私はきっと自分のしてしまったことをすべて忘れてしまいたかったのだと思う。かつて婚約を破棄した相手に、もう一度こっちからプロポーズしようだなんて思えない。あの人はもう私のことなど信じてはくれないだろう。私に幸せにしてもらおうなどという夢を、二度と見たりしないだろう。

「Aさんは？　Aさんがいいじゃない」と無邪気に球を放ってくれたのは、困ったときのおたすけ番長、是枝監督だった。

「ゲ！　私にそれを言いますか。お話ししたでしょう、あの因縁を」

「でも、やると思うよ」

「いやあ、しかしずいぶん失礼なことになっちゃったもの、あれは」

「でも、やると思うよ。俺はぴったりだと思うけどなあ」

「ぴったり？」

「うん、ぴったり。俺が何度か会ったかんじの印象ではね。ものすごく繊細で自意識が高い人でさ」

「嫌なやつってことですか」

「いや、それがふしぎに嫌でないんだ」

「嫌な野郎でしょう、それは」

「嫌じゃないんだってばそれが。魅力的なんだ、なぜか」

「ふうむ。監督が男の人のことをそんなふうに言うのって、珍しいですね」

「そうかもね。でも魅力的なんだよ。会ってみたら分かるよ」

何日か考えた。私の書いたのは、その外見の美しさに反して、いや、「美しさ」という厄介な鎧《よろい》が却ってしがらみとなって、内面では歪《ゆが》んだ自己愛と自意識が醜く肥大し、周りの人々を傷つけることを繰り返し、手ずから人生のボタンを掛け違えまくる大馬鹿野郎の物語であった。そんな大馬鹿野郎と「ぴったり」と言われてしまう俳優とは、いったいいかなる人物か。劇薬か。爆弾か。私は殺されてしまうのか。十代のころから際立って端正だったその顔立ちを寄る年波に崩すこともなく、映画俳優としてのキャリアを重ねるとともに近年はお茶の間へのチープな露出もすっかりなくなって、芸能人としてのブランディングに成功しつつ、その素性は御簾《みす》の奥に隠されてしまったその人（というのが私の抱くパブリックイメージ）の内面性が、もしほんとうに私の書いた大馬鹿野郎と重なる部分があり、そんな一面をスクリーンに吐き出すことが出来たらどんなに面白いだろう。これだ。これしかない。このときだ。あの人にアプローチすべき瞬間が今より後にも先にも、来るとはもう思えない。かくして私は、バカのふりしてもう一度その人にアタックをした。えーい、こんにちは！　ぼくと結婚してくださーい！　……はたして答えは？

――「よくってよ」

あれあれあれ？　向こうもちょっとバカなのかな？　て、んなわけはなく――まさにそれを経た上での、その、〝猫が獲物を見据えるまなざし〟である。閉め切られた窓の外、その人のニットと同じ色の木々の緑が、光の中で音もなく躍っている。私の脇から横腹に、いやにつめたい汗が伝い落ちているのを、相手は察しているのだろうか。


「それで……西川さんは、是枝監督とは愛人関係なの？」

先制攻撃はむこうから。初球打ちの投手強襲。

「あ。やっぱりそういう風に思われてるもんですか」と、私。

「いや、実際どうなんだろねって家《うち》の中でも話し合っててね。違うんですか」

「いやあ、それはねえ、ないですよ。こうはっきり言うのもあれですが」

「うっそ。一回も？」

「だってそんなことになってたら、こんなふうに長く近くには居られないんじゃないでしょうか。微妙な感じになっちゃって、私は到底耐えられないと思いますよ」

「え、え、でもプラトニックなとこでも？」

「いやあ、ちょっとそれも……面目ないですが」

「ほんとかしら。ちょこっとだけでも？」

「Aさん。私はほんとうはあるものを、こうまではっきり『ない』と言い切れるタマじゃないんですよ」

「ふーん（舐め回すように見る）」

「あのう、まだ信じられないという顔つきですけども」

「……ふふふふふふ」

なんだこの人。いったいなんて下世話なんだ。これは三次会か。清廉な顔つきの、お公家《くげ》のようなパブリックイメージと、全然違うじゃんか！　ちょっと安心した。緊張が一気にほぐれて、後攻、私。とりあえず、一旦深々と頭を下げてみる。大振りの三振から入ってみることにする。

「本題に入る前に、すみません。あのう、いつぞやは、ほんとうに申し訳ありませんでした」

「ああ、そんなことも、ありましたかね」ととぼけて微笑み、流してくれたならば、私は彼を、やっぱり二枚目俳優だな、と思ったことだろう。しかし反応は真逆だった。その人は事の仔細《しさい》を根掘り葉掘り、子供のように無遠慮な好奇心とともにこちらに問いただし、当時胸の内に生じた葛藤や、縁談に前のめりになったところで急に梯子を外されて、「うわわわわ、何だ、わたし、望まれてないんじゃん！」と羞恥に打ちのめされたことなどを包み隠さずぶちまけた。私はやっぱりただ謝り通すしかなかったが、しかし、ふしぎにその語りには、私を非難し、追い詰めようという攻撃性はなく、むしろそのような情けない仕打ちを食らってしまう自分こそが、最も「わたし」の本質に近いのだ、という独白にも聞こえた。何なのだろう。この正直さと、聴きながら思わず吹き出しそうにさえなる過剰な自己評価の低さは。人間的。あまりに人間的。これがほんとに二枚目俳優というものだろうか。私は何度も繰り返し謝りながら、いつの間にやらその人への恐怖心やこわばりが消えていた。

議題はいつの間にかこの新しい仕事のことに流れていた。

脚本の第一稿を読んで。「何だかピンと来るような、来ないような。だから試しに妻に読ませてみましたら、妻には『まるであなたそのものね。わからないの？』と言われちゃいました」と、その人は言った。

「奥さんがそう仰るならば、この役にふさわしいというお墨付きを頂いたと考えていいような気がしますね」と、私は楽観的な受け答えをした。

しかしその人は自分の中でもくもくとわき上がっている不安を口にした。ひとつひとつ言葉を選びながら、真っ直ぐに私を見ながら。

「それでもこの主人公には、多くの欠点と愚かさと同時に、人の良さもあるし、愛嬌もありますよね。そして物語の展開とともに、彼自身の人生にそれなりの救いや変化ももたらされます。それが現実に比べて『甘い』なんて言うつもりはありません。映画ですから、観る人のためにそういうものは必要だし、そうあるべきだとわたしも理解している。しかし現実のわたしは、彼以上に救いがたく残酷で、冷淡で、出口のない人間なんです。仮に彼と同じ体験をしたとしても、彼のようにシンプルな変化や純化を遂げられるか怪しい。それくらい捻《ね》曲《じ》がった人間なんです。映画は俳優本人の根っこにあるものを映し出してしまう。嫌な人間を演じる俳優は、根っこのところではやっぱり『良い人』でないと、観客には愛されないのではないか。わたしが彼を演じることで、単なる嫌なやつに終始し、この作品の主人公は、観客についぞエールを送られることもなく終幕を迎えるのではないか。嫌な人間でも、駄目な人間でも、主人公という存在はどこかで観客に愛され、気持ちに寄り添ってもらうことが必要なのに、わたしが演じるせいで、愛されないキャラクターのまま完結してしまうのではないか、と思うと不安です。歴史上の人物や、自分と全く異なるパーソナリティを演じるときに、こんな葛藤が起こることはありません。多少理解に苦しむ部分があっても、『そういうものだ』と言われれば、ああ、そうなんですか、と納得してやれてしまう。所詮わたしとは不一致の存在だから、と割り切れる。同時にどんな具合に演じたところで、自分自身の『ほんとう』が暴かれたり、晒されたりする恐怖は伴わないが、このように自分自身に近い人物をやる場合、『こうやりゃいいんでしょ』という加減が摑《つか》めない。『わたし』がバレる。『わたし』が晒される。それは怖いことだ。そういう恐怖を伴いつつ、そこを晒して行くことこそを、この作品では求められている気もする。晒せば晒すほど、作品の仕掛人である皆さんにとっては良いことなんでしょう。西川さんは『やった！』と膝を打つのでしょう。監督のその得心に奉仕するのが俳優の仕事なのでしょう。それも解っている。それでもわたしは、こわいのですよ。……そしてね、これだけ御託を並べておきながら、わたし結局、そんなに器用な役者でもないんです。とほほ」

傾いて来た陽光が、木の葉の隙間を貫いて、その端正なラインの頬をきらきらと照らしていた。その表皮の下に潜む、フランケンシュタインの怪物のごとき、哀しき悩み。そして緻密な自己分析とエンドレスな内省の渦。二枚目という優位な兜《かぶと》を被って生まれて来たはずの人の中身が、こんなにも混乱しているものとは。人は見かけじゃわからない。長い長いその自問自答を聴きながら、私の隣でプロデューサーが絶え間なくくすくす笑い続けている。私はやっぱり言っていた。「大丈夫ですよ。きっと、大丈夫」――いや、嘘じゃない。

そんな悩める主演俳優を迎えて、試合はその後もじわじわと続いている。邂逅《かいこう》から一年を経て、私は映画のクランクインを迎えた。これから十二月まで、シーズンを分けながら撮り続けて行く。自らを「嫌なやつ」と称したその主演俳優は、今やまごうことなく我らがアイドルだ。さて、どんな人物像がフィルムに焼き付いているだろう。また、少しずつ、報告します。

x＝子供たち、其の二

私は子役が苦手である、という話は前にも書いた。子供を相手に仕事をすると、ジャッジの基軸が狂う。緩くなる。彼らの無辜《むこ》につけこんで、「楽しいところに連れて行ってあげる」と人さらいのような甘言を弄し、大人の商売に引きずり込んでいるのだ、騙《、》しているのだ、というプロらしからぬうぶ《、》な罪悪感に苛《さいな》まれる。自分がそういううぶであることもまた嫌になる。かと言って、やたらにプロ根性の沁《し》みついた子供というのもまたいびつで恐ろしい。とにかく余計なことを考えさせられ過ぎる。役者は、そんな気遣い無用な大人のほうがいい。子供は子役なんかやらずに、好き勝手生きている子供のほうがいい。

しかしそんな私もとうとう新作のために二人の子供をキャスティングしなければならなくなった。一人は小学六年生の藤田健心《ふじたけんしん》くん。もう一人は、五歳の白鳥玉季《しらとりたまき》ちゃん。二人は兄妹の関係を演じる。オーディションは二〇一四年の九月から二〇

「ジェイ・ノベル」２０１５年11月号

一五年の二月まで随時行われ、のべ三百七十人の子供に私は出会った。兄の「真《しん》平《ぺい》」は中学受験を控えた小六男子という設定なので、幅を持たせて四年生から中一までの男の子を呼んではみたが、三十路《みそじ》の俳優も学ランを着さえすればそれなりに不良高校生を演じてしまえるのと違って、子供の生育の具合には実に繊細でシビアな差異が存在した。彼らは文字通り刻一刻と成長し、心も身体もひとときとして同じ状態では留《とど》まっておらず、一つ齢が違えば何もかもが違う。体格差以上に、その齢ならではの顔つき、言葉つきの差がある。身体の小さな六年生と身体の大きな五年生とでは、一見年齢が逆転して見えるが、喋《しゃべ》ったり動いたりするのを見ると、やはり大人びているのは六年生のほうだったりする。日常生活がはっきりと学年で区分されている彼らは、その年齢なりの自意識が大人とは比べものにならないほど鋭敏だ。こと小六と中一の壁は厚く、中一の子に小六の設定でお芝居をさせてみると、許しがたい降格感があるのだろうか、どことなく「やってらんねーぜ」感が醸し出される。まぎれもない思春期の匂い。逆に、小四の子などに「思春期ってわかる？反抗期は？　お兄ちゃん居る子はわかるかな？」と言って尋ねても、子犬のようにきらきらした目で「うん、ぼくわかる！」などと応えてまったく反抗の予兆さえない。親にたてつくお芝居をやらせてみても、どちらかと言えば幼児の「イヤイヤ期」に近いあどけなさ。可愛過ぎるだろ！　とにかく微妙な年齢なのだ。一年違えば髭《ひげ》が生え、あそこに毛が生え、声もかすれて、様々なる芽生えが始まるわけだから。一つでも年長の子のほうが精神年齢は高く、大人の側からすれば扱いやすくもなるが、その心身ともにアンビバレントで変化に富む存在のリアリティはそう簡単には誤摩化せない、と実感するのであった。

当時五年生の健心くんは、演技経験の豊富な子ではなかったが、実際に二人の弟妹と暮らす長男坊のせいか、長いオーディションの待ち時間にも妹役の子たちの面倒見が良かった。四歳や五歳のわからんちんの小型恐竜が暴れ狂うのを、「仕方ないもの」という諦観とともに受け入れて、辛抱強くつき合い続ける様子が、役にダブった。妹と二人だけで買い物に行くというお芝居をさせたとき、小さな妹の背中にさりげなくそっと手が当てられている。そういう何気ないものは、子供の居ない私からはむしろ思いつきづらい。発声の訓練も受けていないので声柄もか細く、台詞につっかえると頬を赤く染めて緊張したが、そのナイーブさが切なくて、良いと思った。いくつであっても男はナイーブなのが良い。

妹役は大苦戦。役の設定は当初四歳の女の子だった。しかし撮影時に四歳ということは、三歳児をオーディションしなければならない。ようやっと人間同士の言語的コミュニケーションがとれるかとれないかという年頃の子供たち。全員がパンツ丸出しで「あたしね、あたしね」と黄色い声でさえずりまくる。こっちの話なんか、聴いちゃいない。だんだんジャッジのハードルが低くなり、まずは話を聴いてくれるだけでも拍手したくなる。「天才子役」と言われる人たちは、こんな齢から恐らく桁違いの落ち着きと集中力とを発揮するのだろうが、幸か不幸か、そんな逸材は私の出会った女子百九十人の中には存在しなかった。当時四歳の白鳥玉季ちゃんも、お芝居が上手だったわけではない。ただ、誰を相手にしても物怖《ものお》じせず、つぎつぎ課されるお題に対して丸い目を輝かせた。強いハートと好奇心。これは我々と長い時間集団生活を強いられる点において大事な要素である。お行儀の良い「おりこうさん」の風情ではない。敬語も使わない。そこが愛嬌があり、子供らしい屈託のなさだと思った。だが実は、そういうものを「子供らしさ」などと感じるのもまた大人の幻想に過ぎない。実際の四、五歳の女の子の多くは、良く言えば「おしゃまさん」、返して言えばむき出しの「メス」である。「愛《め》でられるべき生き物」である自らの魅力を知り尽くし、臆面もなくくねくねとしなを作り、時としてか弱ささえも武器にする強者《つわもの》たちであることも、このオーディションをやってみてよくわかったのであるが（オーディションの終了後、毎度私たちは骨が透けて見えるほど疲弊した）、まあ、そういう現実はともかく、これは映画です。銀幕に大人が観る夢。「ほんとうの子供らしさとは何か」を暴く、四歳女児のなまなましい生体のドキュメンタリーじゃない。私の書いたのは、事故で母親を亡くす子供たちの話である。妹は、母を亡くしたことを幼さ故に理解しないのではなく、理解はしても、迎え来る毎日を父と兄と共に生き抜く自我の強い子供であった。おりこうさんなんかじゃなくていい。生き物としての芯の強さがこの役の要である。玉ちゃんは近い、と思った。玉ちゃんなら、大丈夫だろう。……ところが、どっこい！

玉ちゃんの体内には二時間の時限爆弾が仕込まれていると判明したのは、クランクインの二週間前であった。本番に備えていくつかのシーンのリハーサルをしてみたところ、開始して二時間を超えた頃、玉ちゃんは何か悪いクスリでも打たれたかのように病的に笑い転げながら、あっちへふらふら、こっちへふらふら、小道具をいじくり回し、健心くんを小突き回し、椅子を持ち上げたり、机の下にもぐったり。もはや私たちの話を聴くことなどもってのほか、「用意スタート」をかけるときまで羽交い締めにしていなければならないほどになってしまった。

「あーちゃん（＝役名）、あっちに向かって真っ直ぐ歩くだけでいいから。ね、出来るよね。きっと出来る。やってみよう。よーい、スタート」

「♪あっるーこーう、あっるーこーう、わたしはーげーんきいいい!!」

「カット。ストップ」

「♪あっるくのーだいすきー、どんどんいっこっうー（壁に激突）」

「ストップだっつの！　あーちゃん、トトロの歌は、歌わないよ」

「なーんでえ？」

こういう状態が、昼間日中の制作会社のオフィスの廊下に響き渡るのであった。お仕事中だった皆様、ごめんなさいませ。

やはり「おりこうさん」を選ぶべきだったのだろうか。リハーサルを終え、子供たちを帰すなり、私は椅子に座り込んだ。

「……あんなもんでしょうか。子供って」

「まあ、あんなもんじゃないすか。子供なんて」

つきあってくれた助監督の声も、投げやりだった。

子供をどのように演出するか、私の中ではまだ道筋が立っていなかった。是枝監督は、なるべく演技経験の少ない子供を起用し、彼らには一切脚本を渡さず、すべて現場で監督の口添えで台詞や芝居を作るのだという。『誰も知らない』に始まり、『奇跡』や『そして父になる』など、子供が重要な役割を演じる作品はすべてそう。脚本を渡してしまうと、親御さんが「現場に迷惑はかけられぬ」という責任感にうちふるえ、自宅で我が子に読み聞かせ、独自の演出でこってり仕込んでしまうことがある。そうなると子供は、もはや当日演出家が何を言おうと修正不能である。無理もない。人間は、時間をかけて体得したものをリセットさせることに対しては肉体も理性も反発するように出来ている。蓄積を一瞬で無に帰させることは、大人でも最も難しいアプローチではないか。私もこれまで何度も苦い思いをした。オーディションのときは実に自由で「カタ」がなかった子供たちが、現場で再会するとすっかり幼稚園の学芸会口調になり果てていたのを見て。よし今回は、やつらに脚本を渡したりするものか。親や事務所に奇妙な子役芝居など仕込まれてたまるか。こちとら子役演出に定評のある是枝さんの弟子筋なんだもの。師匠に恥をかかせちゃいけねえし。

しかし一方で、こちらも子供の面白さを引き出させればてきめんの山下敦弘《やましたのぶひろ》監督に話を聞くと、「俺、クランクイン前に徹底的にリハやりますよ。脚本も全部読ませちゃうし」と言う。

「でもまだ字も読めない子だっているでしょう。親に妙なふうに仕込まれて来ない？」

「うん、でもとにかく俺、すげー何回もやらせるから。何度も何度も、違うだろ、違うだろお前、もっとこうやってみな、って」

「大人とおんなじ扱いじゃないの」

「大人にやるより厳しいかもね」

「でもそうやって事前に何度もやってしまうと、飽きてこない？　鮮度が失せるというか」

「飽きますよ。あいつらも、だんだん『はいはいはいはい』って流す感じになって来て。本番で回す頃には子供も俺も、みんな飽きちゃってる（笑）。実際リハのときの方が良かったな、ってこともある」

「それでも一度もリハしないよりは、出来高は担保されてるってことか」

「まあそうだね」

「きっと私は子供のまっさらさみたいなものを、勝手にまつりあげすぎてきたんだね。彼らからいいものが飛び出すのはたったの一回きりだと決めつけてびくびくしてるのも大人の妄信かもね」

「それもあるにはあるとは思うけどね。でもとにかく俺、子供とやるの好きなんだよね。子役には強いの。陰引っ張ってって、『お前ちゃんとやれよ』とか凄《すご》んだりして。大人の役者には強く言えないくせに（笑）」

こう言いながらも、山下さんの作品は予定調和でなく、あたかも奇跡的にカメラに納まってくれたワンテイクのように見えるから面白い。今初めてその台詞を喋ってみたかのようなあの無骨さやぎこちない間が、度重なるリハの結晶とは。演出の裏側は、わからないものだ。

しかし私自身のためにもリハーサルは必要だった。私は是枝さんのようにうまい口添えは出来なさそうだし、山下さんのように辛抱強く子供を鍛える術《すべ》もなさそうだし。映画の中で子供たちが登場するのは、ほのぼのと仲良く遊ぶようなストレスのないシーンばかりではない。兄の真平というキャラクターは、母親不在の暮らしの中で、妹の世話を任され、葛藤を抱えている。つまり、生身の彼らが経験していない虚構の苦境を把握して、本来感じてはいないはずの複雑な感情も、表出させなければならない。これは相手が子供であっても、現場で当日、「はいどうぞ！」というわけにはいかない。

子役の養成所などで鍛えられた経験もない健心くんは、リハーサルで、涙を流すことに苦労した。真平の置かれた苦しい状況や心情について、また「なぜ今ここで彼が泣き出してしまうのか」について、私はなるべく丁寧に説明をしたつもりだが、頭では理解出来ても、実際に「泣く」という生理現象にそれを落とし込むことは容易ではない。リハーサルの現場には重苦しい沈黙が流れ、健心くんは、恐らく人生で感じたこともないプレッシャーを強いられた。私が彼に説明すべき言葉をもはや失いかけた頃、チーフ助監督のKさんが傍に呼び寄せて、「君は真平という子の気持ちがわかってやっている？　君と真平とは違うんだよ。違う人間の気持ちを考えて、演じるということが演技なんだよ。ねえ、ほんとうにちゃんと考えてる？」とこんこんと説き、問いつめた。百戦錬磨のKさんは、「泣く」というシビアな感情を彼から引き出すために、あえて心理的に圧迫をかけ、「泣かずにはいられない状況」に追い込んだのである。もう限界、という表情だった。いったん休憩を取り、隣の部屋にたったひとりで居るところにこっそり入って「何かわからないことはある？」と尋ねてみると、彼はぽたぽたと大粒の涙を台本の上に落とし、「何がわからないのか、わからない」と堰を切ったように泣いた。うまく泣けないことに追いつめられて、彼はほんとうに泣いてしまったのだ。いったい何が起きているのだろう？「もう今日はやめておく？」と尋ねると、首を横に振り、「やってみる」と言った。そのままもう一度リハーサルを再開すると、追いつめられた気持ちを引きずってか、真平は涙をぽたぽたと流した。実に真に迫る涙であったが、それが成功だったとも、失敗だったとも、私には判断がつかなかった。

ばか正直にも彼はほんとうに「泣こう」としていた。役者の中には泣くも笑うも「ふり」から入る人もあると聞く。顔でも腹の筋肉からでも、身体的に「泣く真似」をしているうちに次第に感情も乗って、種々の体液も湧いて出て来てくれるということを彼らは技術として体得しているのだ。「だから君も泣く真似をしてれば良いんだよ」と、私は言ってやるべきだったのだろうか。言えなかった。あまりに相手が純粋過ぎて。

若い演出助手の一人は音を上げた。「あんなことをしてまでやらせるのは残酷に見えます。彼は単に追いつめられているだけでは？　どうしても泣かなければいけませんか。ならば初めからちゃんと泣く技術のある巧《うま》い子役を選ぶべきです」

私にもそう見えた。嫌な仕事だ。子供を泣かすなんて。

彼には何か得たものはあったのだろうか。精神的に追いつめられることで、仕事の重みを痛感した？　演技の極意に開眼した？　どうだろうか。たった一度の挫折で主人公が劇的な成長を遂げられるのは、映画の中だけの成功譚だ。

少なくとも私の方は、「虚構」の中で生きるということは、何か純粋な、無垢なものが壊れ、傷つくことなのだと再認識した。ほんとうに悲しいときにだけ泣き、ほんとうにおかしいときにだけ笑う、そういう率直さに、嘘ばかり作っていると年々憧れが強くなる。たとえ現実が、映画と大差無いほど嘘にまみれたものだとしても。けれど虚構の世界で生き抜こうとするならば、無垢を捨て、嘘を自在に操る汚れを被らなくてはならない。それは時にひどく非自然で、健康な精神にメスを入れるような、苛烈なことでもあるだろう。そういう後戻りの出来ない喪失の道筋に、いいや、そうではなかったはずのものを引き込んでしまったようなじんわりとしたおそれが私を襲っていた。俳優という生き物に不可欠な「演技性人格」がアブノーマルなものであることを私はよく知っている。多かれ少なかれ、彼らは変人だ。成功する変人も、成功しない変人も、容易に堅気には戻れない。ほんとうにいいのだろうか。でも私は今回自分に誓ってもいたのだった。子役と交わることで引き起こされる、こうした数々の罪悪感や妥協をなるべく封じること。彼らの「やってみる」など、所詮子供の意気込みに過ぎない。それでもその儚《はかな》い「やってみる」を信用してみること。大人の俳優に求めるように、彼らにもちゃんと求めてみる、ということ。少なくともこの作品が終わるまでは。えぇーい失せよ、子役嫌い!! 嫌な仕事だからって、やめないぞ。

すこし健心くんの気持ちのことが気がかりで、後日本木雅弘《もときまさひろ》さんの演じる主人公のマンションのロケセットに呼び寄せてみた。数日前の涙もすっかり乾いて、隅々まで飾り込まれたセットの中で目をきょろきょろさせながら、大人たちの仕事を眺めていた。本木さんは三人のお子さんをしっかり手ずから育てている父親でもあるので、健心くんと交わす言葉もなめらかだ。厭《いと》うこともなくいくらでも子供たちと時間を過ごしてくれる。泣かなくちゃいけないシーンが難しいんだよね、と私が話をふると、「あら、目薬入れちゃえば良いじゃんそんなの。わたしなんか絶対無理よ」と本木さんは真顔で言った。健心くんも私も笑った。こういう軽口をスポンと叩けるのは、同業の先輩でこそのこと。

かくして、子供たちふたりを抱えての撮影は始まった。健心くんは線が細いように見えて、蓋を開ければ意外と何が起きてもケロリとしている。リハーサルでの涙を、ぼくのハートが折れたサインだとでも？　と言われているような思いである。いっぽう玉ちゃんは、毎日どこかのタイミングできっちりネジが飛び、やっぱり真っ直ぐ歩くことも出来ず、家のセットの飾りは端からいじくりまわし、休憩時間に控え室に戻ったときにお母さんがいないと泣きわめき、腰の後ろに巻いたワイヤレスマイクが痛いの痒《かゆ》いのと録音部を困らせ、はしゃいで騒いで暴れまくって、いいから頼むから一回だけだからさあ本番、と言った途端にがくんと眠りに落ちたりしたが、スタッフ全員がくたびれはて、諦めかけた瞬間に、突然息をのむほどの名台詞を吐いたりもして、まさにヘルメットを飛ばすほどの三振とホームランとの二択しかないお化け女優である。すでに立派な変人だ。「真平」という長男さながらに私は健心くんを頼り、我の強い「灯《あかり》」という妹そのもののように、玉ちゃんには手を焼かされている。スタッフも、大人の俳優も、彼らがすこしでもうまく出来るように、一瞬でも好機を逃さぬように、息をのんで一致団結する。あどけない表情や罪のない放言に、何というじらしさだろうと目尻を拭った一分後には、ちょいちょいちょーい！　じっとしておれーい！　と怒声を上げさせられている。ああ、子供たちとの賑やかな日々。力のなさを思い知らされることばかり。ひょっとして、大人になるってこういうこと？　それでも泣いても笑ってもふたりとも、日々機嫌良く現場に来てくれている。

撮影は四月に始まり、十二月まで断続的に続く。彼らがどのように変化して行くかは、またの機会に。

x = 未来

「ジェイ・ノベル」2016年1月号

私の住む町には、「眠り男」が居る。

そう呼んでいるのは私だけだが、町の住人でその呼び名に頷《うなず》かない者は居ないだろう。その人は、日の昇っている時間帯には、決まって駅前の大きな桜の木の下のベンチに座って腕組みしたまま眠っている。私は職業柄、定時に駅に向かう習慣はないが、どんな時間に通りかかろうとも彼はもう居る。今まさにやって来たところや、立ち上がって帰って行くところに出くわしたことはない。常に、彼はもう居る。何かを食べたり、読んだり、聴いたりしているのを見たことはない。誰かと電話したり、会話したりしている様子もしかり。まずもって目を開けていることがないのである。齢の頃は六十歳くらいだが、「老人」と呼ぶにはまだ骨格、筋肉のつき方、肌の色にも艶や張りが残り過ぎている。なぜ私が彼の肉体に詳しいかというと、五月〜九月の期間、照りつける日光のもとで彼は必ず上半身を裸にして過ごしているからだ。無宿の人ではないはずだ。いつ見ても黒ずくめに近い装束だが、白髪《しらが》まじりの頭髪は古参軍人のように刈り込んで不潔感はなく、家財道具一式載せたカートや大ぶりなバッグは見当たらないし、日没後や雨の降る日には町のどこにも姿を見ない。おおむね定年退職後、気がつけば家の中に日中の居場所を失《な》くした男、というところだろう。「真面目《まじめ》」「勤勉」という美徳を隠れ蓑《みの》にして、仕事一筋の数十年、妻に優しい言葉の一つもかけず、子供の変化や岐路に一度も当事者として立ち会うこともせぬままに、気がつけばやるべきことも、やりたいことも、人間関係も失くしていた。よくある話だ。私はくる日もくる日も彼の姿を見るうちに、心のどこかでひそかに彼を軽蔑しはじめていた。よくもああまで、無為で居られるものだ。いったいあれを生きていると言うんだろうか。まるで生命の尽きる日が来るのをじっと待っているみたいじゃないか。何のための人生か。何のための日焼けか。ああ、いやだ。ああ、困る。あんな風になったらどうしよう。いずれ来る老いらくの日々。社会から無用の存在と烙印《らくいん》を押されてからも、人生はきっと長い。はたして私にはやることがあるのだろうか。関係する人は居るのだろうか。「映画は残るものだ」と言われて来たけれど、こんなに大量生産大量消費が当たり前になった市場で、映画の遺産的価値は明らかに下がった。その時代ごとにフィットしたテーマや技術や俳優を用いた新作がせわしなく作られ、ファストファッションのように気軽にとっかえひっかえされては、忘れられて行く。名画座は次々潰《つぶ》れるし、ビデオグラムやオンデマンドで後世に残され得るものは映画ばかりではない。もはや映画と他の〝映像コンテンツ〟の何がどう違うのか、私にもうまく説明出来ない。とにかく「映画しかなかった」時代から「映画もまだある」時代に変わったことだけは確実だ。未来に私のことを憶えていてくれる人など居るのだろうか。肉体の衰えとともに精神力も落ち、アイデアも情熱も枯渇し、友人も恩人も、一人、また一人と世の中から消えて行く。経済活動の枠外に飛ばされて、水道電気光熱費を節約するために、朝が来れば着た切り雀《すずめ》で家を出る。ベンチに座れば私も上半身裸になるのだろうか。そして日没が来るのだけを、ただ腕組みをしてじっと待つのだろうか。怖い。自分が眠り男の後継になるのではないかと思うと怖い。くそ。今日も一日これからだってときに、あいつのせいでまた鬱々としてしまったぜ。

しかしそれにしても彼は堂々と、無為だ。屈託もなく無為だ。私の抱く不快な恐れに反して、彼の態度には翳りがない。まさに、陽の当たる無為。なにしろ眠っているので感情は読み取りづらいが、少なくとも彼は自分の今を恥じてはいない。その証拠に、一年ほど前まで彼は駅から徒歩五分ほど離れた静かな遊歩道のベンチに座っていたのを私は知っている。それがなぜか今年に入って、人気《ひとけ》の多い駅前のベンチに拠点を移したのである。いや、「進出した」と言って良い。そんな場所ではご近所さんに目撃されることも免れ得ぬ。奥様だって駅はご使用になるだろう。「あなたったらッ！　やめて頂戴《ちょうだい》よこんなとこで！」と小突かれること必至である。それでも彼が、あえて町一番の人通りの場所を選んだのはなぜか。もしかしてこれは——「我が無為を見よ」ということか？　もしかしてそもそも、眠ってなど居ないのか？　私ははっとした。彼の態度は、向かう先に重大な用事があるものと思い込み、あくせく駅に吸い込まれて行く私たちへの無言の抗議なのではないか。やることがある、なぞと思っているかも知れないが、そのおまえらの「やること」とは、いったい何だ。ほんとうにそれは「やるべきこと」なのか。それともおまえの人生の長い時間を潰すための、言い訳に過ぎないんじゃないか？　こせこせ動くことを「生きること」だと誰が決めた？　片時だってじっとしておられず、暇さえあれば本を読み、テレビをつけ、携帯を取り出し、ニュースをチェックし、音楽を聴き、ゲームをし、得体の知れない「友だち」とせわしなくやりとりをせずには居られない奴《やつ》らめ。それが「人生」と呼ぶものか？　俺を見ろ。俺は孤独など怖くない。社会から必要とされるか否かなど問題にもしない。流行《はや》りすたりも関係ない。妻よ黙れ。おまえの恥は、俺の恥ではない。たとえ天変地異が起きようと、俺は明日もここに来る。長い長い、死ぬまでの退屈を恐れているのは、おまえらの方だ。さあ俺を見ろ。お前のと、俺のと、いったいどっちが「人生」だ。——ひやりとした。惰眠ではなく、瞑想《めいそう》だったか。桜だと思っていたあの大きな木は、もしや菩提樹《ぼだいじゅ》？　と思ってある日改めて彼をみとめると、腕組みをほどき、ぽっかり口を開けてあられもなく背もたれに頭を預けていた。……やっぱ寝てんなありゃ。

無為の老後とは無縁の人々も増えている。問題山積の高齢化社会だが、片や色んな理由で老人はとにかく元気で、老人が老人でなくなって来た社会であるとも言える。私の新作の撮影を担当するのは現在七十五歳の山崎裕さんである。十八年前、私が学生時代に初めてついた『ワンダフルライフ』という映画のカメラマンだった山崎さんは、当時五十七歳だった。その頃の私にしてみればその時点で既に「老人一歩手前」にも見えていたが（失礼！）、それまで三十年以上に亘《わた》り、テレビドキュメンタリーの世界では第一線で活躍して来た山崎さんはその作品で劇映画デビューするや、その後も是枝監督に留まらず、河瀬直美《かわせなおみ》監督、塩田明彦《しおたあきひこ》監督、岩松了《いわまつりょう》監督、タナダユキ監督など名だたる演出家からオファーは立て続き、さらに自分でも監督をしたり、プロデュースしたり、すでに公開された劇映画の本数だけでも十五本以上に及ぶのではないか。今年も春、夏、冬、と三シーズンに亘って撮影する私の新作の合間に、フォトジャーナリストの広河隆一《ひろかわりゅういち》さんとパレスチナやチェルノブイリへ飛んでドキュメンタリー映画の撮影をし、劇映画でも足立正生《あだちまさお》監督、新藤風《しんどうかぜ》監督と休む間もなく仕事をしまくる。百七十四センチの腰高の肉体は隆々として黒光りしており（水場などでよく半裸になって撮影されます。また裸！）、ありとあらゆる危険な修羅場を駆け巡って来ただけに、崖っぷちから飛び降りたり、カメラを担いで車に箱乗りしたり、突風吹きすさぶ高所に命綱をつけずに上がったりが三度の飯よりお好きなご様子。とはいえ食事のほうも「超」がつくほどの大食い、早メシ。いかなる若手も山崎さんより早く皿を空けることは出来ない。中近東やインドなどのロケ滞在も豊富だからか、素手で食べるのも大得意で、お箸やフォークナイフが来るのも待たずに器用に右手を使ってあっという間に口の中。せめて男性方面的にはおじいちゃんかと思いきや、他人が撮った映画の濡《ぬ》れ場を観れば、決まって「あんなセックスあるわけないよな！　な！　な！」と激しいテンションで持論をぶちまける山崎さん。草食世代の若手が完全に困ってます。ちなみにプライベートでの現パートナーは三回り年下の美人のテレビウーマン。生まれは昭和十五年。

最も食料事情の悪かったと言われる時代に、いったい何を食べて育ったらこうなるの？

私が心のうちで「ラスト・アニマル」と呼ぶ山崎さんだが、ヒグマかと見まがい危うく射殺しそうになるような現場での姿も、オフの日には一変、装いもおしゃれで白いパンツやパナマ帽もすらりと着こなす欧州のミドルエイジ風。実は根っからの豊かで知的な都会人で、富にも貧しさにも平たく屈託することがない。それにしても本来取り扱いが面倒なはずの超ベテランカメラマンに、かくも絶え間なくオファーが来るのは、なぜなのか。

撮影者にも色々な種類があり、技術者としての撮影者、アーティストとしての撮影者、そして演出家としての撮影者、それぞれに適材適所があるだろうが、なかなか三位一体のバランスを持った人は居ないものだ。

劇映画の現場で助手から長く下積みを重ねた人は、技術者らしく口数も少ないが、仕事は正確、無理難題を課しても傭兵《ようへい》のように身体を張り、「言われたものはきっちり撮るよ」と少ないチャンスでも狂いのない仕事をする。

フォトグラファーやコマーシャルの経歴の多い人は、ふと構えた瞬間にファインダーの中の画に「詩」が流れるような美しさがある。わけもなく涙の出そうになるような美しさ、その「わけもなさ」だけは他人があれこれ指示して作られるものではないが、反面、一枚絵としての美しさが時に物語を凌駕《りょうが》して、テーマを霞《かす》ませることもある。

ドキュメンタリーは少人数で作るからかフットワークは軽く、プロデューサーもアシスタントディレクターも録音技師も、関わる人すべてが演出に対して参加意識が高く、皆よく意見を言う。こと被写体に一番近寄るカメラマンは、そのコミュニケーション能力によって被写体から出てくるものが変わってくる重大なポジションでもある。今目の前で何が起きているか。それをどの距離感で見つめるか。そして何をどのタイミングで仕掛ければ、相手は変化を起こすのか。対象にレンズを向ける者としてのその「責任」について、ドキュメンタリーのカメラを担ぐ人には、常にその思考が求められるのだろう。

みんな映画が好きで集まった人たちのはずなのに、「自分が口を出すようなことじゃない」と身を引くスタッフも多いように思う。「映画は監督のものだから」という決まり文句は、逃げ口上としても多用される。こっちだって騙されちゃいない。「楽をしようとしやがって」と思うこともある。上が何かを決めるまで思考停止状態で待っているのは、ほんとうに楽なことだ。「なかなか決まんないんだもん」と待たされた苦労を裏でつぶやく卑怯《ひきょう》を、私はスタッフワークをやっていた頃に、自らもはたらいた。

演出家の孤独を気遣って弁当を一緒に食べてくれたりする助監督も居るが、そんなのはセットの隅でぽつんとひとりで食わせておけば良い。散々苦労をかけているんだから、スタッフには食事の時間くらい気兼ねなく息を抜いてもらった方がこっちも気が楽だ。ただ、演出というものそれ自体が孤独にさせられている現場は、わびしい。イエスマンは現場を生かすのではなく、静かに殺して行く。ほんの少しの違和感でも良いのだ。確認がてら、「監督、こっちではなくて?」と、俳優やスタッフが自分の提案を匂わせてくれるだけで、「……む。それも、あり、ですねえ」と目から鱗《うろこ》が落ちることがある。私だって何百日とたったひとりで頭をひねって温めて来た構想を、思いつきでひっくり返されるのはたまったものじゃない。いきなりの無責任なワンアイデアに、はらわたが煮えくり返る瞬間もある。ただ自分なりのアイデアを放ってくる人の目はどこかぎらりと光っているし、その光を持っている人と仕事をしたいだけだ。自分ひとりではとても踏み切れなかった大胆な勇気を奮えるときもある。それがなければ、なんで他人と物を作る意味があるんだろうか。

書かれた脚本の台詞に、ずけっと違和感を呈するカメラマンに私は山崎さんの他に会ったことがない。みんな自分にそんなことを言う権利などないと思っているようだ。「ぼくには文章も書けないし、台詞なんて思いつかないから」。でも山崎さんだって文章家ではない。ただ山崎さんの人生には「コミュニケーション」というものの実体と実感が存在するのだ。技術や視覚的要素にとらわれがちなカメラマンという職業において、それを持っている人（あるいは、「持っている」自覚のある人）は稀《まれ》である。けれど「演出家のために」などという献身的な大義名分以前に、「自分はこう見たいんだ」と本能的な欲求をあらわにしてくれることのほうが、実は演出家に寄り添い、出演者に寄り添うもののような気もしている。

しかし誤解の無いように言っておくが、山崎さんは「老いていない」わけではない。元々いつでも食い、道ばたでも眠る奔放な人だが、確実にその無邪気さには拍車がかかっている。物は忘れる。とんちんかんなことを言う。半年撮影しても主人公の「幸夫《さちお》」を「ゆきお」と呼ぶ。しかも主役の目の前で。キレやすい。反論すると余計にキレる。現場はカオスになる。ゲップやあくび、パンチの効いたフェロモン臭もおかまいなしだが若い者は黙認するよりほかない。「お年寄りは、物知りで、ためになります」。そう、その「ためになる話」を二百回聴かされる。私たちは七十五歳の現役選手とともに仕事をすることで、「衰え」と呼ぶにはいささかアグレッシブ過ぎる変異を日々受け止めている。「だからさっきご飯は食べたでしょうがぁ！」と、恩義あるはずの舅《しゅうと》に思わず声を荒らげてしまう嫁の自己嫌悪の苦しみが私にはよく解る。「まあまあ母さん」とはじめはなだめてくれていたはずの娘や息子も、次の瞬間には頭から湯気を立てて舅と衝突している。そんな中、山崎さんを長く知るセットデザイナーの三ツ松《みつまつ》けいこさんだけは、何が起きても動じない。俳優の芝居以外では指一本も触れないように、と美術部から厳重注意されている借り物の高級家具に山崎さんがどかんと腰掛けようとしても、「どうぞこちらへ」とにっこりお尻の下に折り畳み椅子を差し出すベテラン介護士ぶり。これが笑って良いことなのか良くないことなのか私も分からないのだ。ともかく言えることは、子供や年配の人と共に在ると、近い世代同士だけで組んでいたら決して起こりえない感情が湧き、好き／嫌い、合う／合わない、では片付けられない喜怒哀楽が立ち起こる。つまり職場がある種、生理的で人間臭い、プリミティブな共同体の様相を帯びて来るのだ。老いというものを自分からも、他人からも、完璧に排除することは不可能だ。ほんとうに考える。「十分元気な老いた人」たちと私たちはどうやって共に生きて行くべきなのかについて。そして自分もまた「十分元気な老いた人」になっていくかもしれない未来、どうやって現役世代と折り合いを付けて行くべきかについて。——そう思うと、毎日見かける眠り男の表情も、やはり沈思黙考のさまに見えて来る。

実はこの原稿の最初のくだりを書き終えた翌朝、いつものように駅に向かうとベンチに眠り男が居ない。抜けるような青空が広がった気持ちのよい朝にも拘《かか》わらず。お？ と思って視線を巡らせると、すぐに彼は見つかったが、何とベンチのすぐ傍にある銀行のＡＴＭの建物の壁に寄りかかり、立ったまま腕組みをして眠っているのである。私は思った。もしや夜明けは近いのでは。そして二日ほど雨の日が続き、今日。再び晴れ渡った空の下、ベンチにまたしても彼の姿はなかった。今度は迷わずＡＴＭの建物の横を見たが、そこにも姿はなかった。悟りは開かれたか。ついに彼の無為にも幕が下り、そして何かが始まったのかも知れない。

x = 孤独

「ジェイ・ノベル」2016年5月号

「女子プロレス最強の男」と呼ばれた神取忍《かんどりしのぶ》さんがかつてリング上で派手な死闘を繰り広げていた頃、「恋をしてはだめなのだ。弱くなってしまうから」とテレビで言っていたのを聴いて、胸を打たれた記憶がある。ぐっと来た。分かる。分かるよ神取。いったい何が分かったつもりだったのか、私自身は無軌道に異性にうつつを抜かしながら生きて来たはずだが。しかしともかく心に誰かを宿すことで、人は心強さを得ると同時に守りの姿勢が芽生え、迷い、心に波風が立ち、そして何より孤独でいることに耐えられなくなる、と私もずっと信じて来た。ひとりで立つことを恐れるようになっては、自分の商売は成り立たん、と二十三歳でフリーランスで映画の仕事を始めて以来、ずっとそう考えて来たのだ。エンドクレジットに流れる何百という人の名前を見た人は、映画の関係者は毎日が岸和田《きしわだ》だんじり祭のようなにぎわいだろうと想像されるかも知れないが、三池崇史《みいけたかし》監督や堤幸彦《つつみゆきひこ》監督ならいざしらず、私に関して言えば、一人で執筆している時間と合わせればだんじり期間は全体の二割にも届かないだろう。当然経済だって安定しない。だから私は人も雇わないし弟子も取らないと決めて来た。人を食わせていると思うと、筆が逸《はや》る。何をあおられても構わないが、それだけは、嫌なのだ。

いっぽうで、私の師匠の是枝監督にはすっかり弟子も取り巻きも多い。「取り巻き」という言い方では語弊があるかも知れないが、なにしろ師匠は物心つく前の幼少の頃から自分がファラオだった夢をくりかえし見たと言うのだ。なぜかピラミッドの頂点のようなところの石の玉座に座っていて、隣に立つ大男が耳慣れぬ言語で何事かを叫ぶと、眼下の砂漠を埋め尽くす無数の群衆が「ウオー」と言って一斉に自分をたたえるのだそうな。うへ！——つまり何が言いたいかというと、そういった夢を見てきた人だけあって、現実でもとにかくどんどん人を周りに配備して、自分の仕事に巻き込み、すり減るほどの苦労もさせ、ひいてはその中で各々に活路も見出《みいだ》させて行く。声高に喧伝《けんでん》するわけでもないのに自然と人が集まってきて、厳しく指導するわけでもないのにいつのまにか人が育っていたりする。これも生まれ持った才というものだろう。悪口じゃないよ。

当の私も十八年前には、是枝監督の所属していたテレビマンユニオンの就職面接にやってきた学生というだけで、監督助手として映画に加えてもらった立場である。私は映画のことなどさっぱり分かっていなかったが、周りのプロのスタッフはそれ以上に私のことがさっぱり分からなかっただろう。何であんなに経験のない小娘をとなりに置くのか、お慰みか、と思った人も多かろうが、是枝監督は涼しい顔をしていた。プロの技術者たちよりももっと身近なところに、自分の味方となり、作品が仕上がる最後の瞬間までずっと伴走出来る人間を置いておきたかったのだ。プロの技術者たちは、自分の職域に限っては寝食を忘れて尽くしてくれるが、それを飛び越えて演出に介入して来ることは滅多にない。ライトが途中で消えました、救急車が通りました、フォーカスが合いませんでした、という理由で「監督、もう一度」とは言っても、「今の芝居はイマイチでは？」と言って来る技術者は居ない。そんなことを全員が言い出したら現場の統制はとれなくなるからだ。そのジャッジは、監督だけに許され、監督だけが取らねばならない責任だ。監督という人は、ぼーっとしていても、何一つ重い物を持たなくても、その責任だけはたったひとりで背負ってくれると信頼しているから、俺たちはこうして血を吐いてでも尽くしているんだと言わんばかりに、近寄って来ない。指示系統はただ一つ。それが映画の良いところ。監督のＯＫだけが、我らが信ずるＯＫだ！　ウオー‼　とたたえている眼下の群衆をうらぎるようにして、玉座の是枝監督は隣にぼーっと突っ立つちびの私に尋ねてきたものだった。「ねえねえ、今のテイク、どうだった？」……うへぇ！

私はそんな師匠のやり方も見て来たが、実際自分がその後フリーの助監督として他の現場を転々とした経験も重なったので、自然とプロの助監督びいきの性格となって行った。彼らはそもそも監督候補生なのだし、かつて撮影所という組織が人材を確保していた時代は、企画の始まりから脚本執筆の手伝い、取材、そして撮影終了後もきっちり完成まで仕上げを見届けさせたと言われているが、今ではどこの制作会社にもフリーランスの人材育成までしようという意識はなく、長期に亘って助監督を雇う予算を組んだりはしない。監督を志している人たちなのに、彼らは脚本作りにも編集にも立ち会わされず、ただ現場から現場へ渡り歩く便利な仕切り屋になりつつある。私が助監督だった頃は、他の部署とつかみ合ってでも監督の演出を守ろうとする「演出至上主義」みたいな昔気質《むかしかたぎ》の先輩が居て、そういう人たちは現場が終わって賃金が払われなくなっても、毎日我がことのように編集を観に行っていた。そういう助監督に寄り添われている監督は、うるさがるようなふりをしながらとても幸せそうな顔つきだったのを記憶している。

実際私は、随分心ある助監督の人たちについて来てもらった。二十七歳のときに初監督をしたから、初めはみんな自分よりずっと年上だった。向こうも「何とか面倒を見てやらねば」という心境だったろう。人からはよく「現場では何十人ものスタッフを束ねてらっしゃるんでしょう?」などと言われるが、実際に束ねているのは助監督たちだ。私がそのシーンをどうしたいかを阿吽《あうん》の呼吸で理解して、道路を行き交う車や通行人を止め、雨を降らし、風を吹かせ、エキストラを縦横無尽に動かし、奥の鉄橋に電車が走るタイミングを見計らって、「監督、どうぞーッ!」と言われた私は、「よーい、スタート」と言えば良いだけ。そんな彼らをどうして信用せずに居られるだろう。私は何でも頼ったし、雨が降っても槍《やり》が降っても、文字通り矢面に立って尽くしてくれる彼らを、ほんとうに愛して来たのだ。しかしその一方で、「ねえ、今のテイク、どうだった?」などと誰かに尋ねたことは、監督になって以来ただの一度も無かった。その孤独を引き受けることしか、自分に背負える役目はないと信じ込んだままに、十年やって来たのだ。

一年半ほど前だったか。新作映画の脚本がほぼ出来上がり、そろそろ準備に入ろうという頃、監督助手をつけてみないか。とプロデューサーからもちかけられた。

すでに三年ほど是枝監督のもとでプロの助監督との狭間《はざま》に立って揉《も》まれた経験のある、私のいわゆる妹《いもうと》弟子を推薦された。「助手って言ったって、何をさせるんです。私には使い方も分からないよ」とつき返すと、単なる相談相手だよ。カット割りやアングルで悩んだり、台詞がどう聞こえたか、編集の印象はどうか、そういうことを、ちょっとでも悩んだら何でも相談すればいい。一緒に考えてくれるんだ。と隣から師匠が口添えをして来た。助監督が現場を前に進ませるアクセル役とするならば、監督助手はここは一旦踏みとどまって、もう一度考えてみませんか、他にも策を練っておきませんかと提案をするブレーキ役だ。今の時代、現場にはそういう役回りが居ない。彼女も俺のところで三年やって、すでにかなり的確なことを言えるようになって来た。俺以外の現場でやるのは勉強にもなるし、君にとっても役に立つと思うよ。嫌じゃなければ、つけてみてよ。

「カット割りを考えてくれる……?」と私はぼんやり中空を見た。恥ずかしい話だが、私はカット割りがてきめん苦手な演出家だ。カット割りって何？　という方がおられるかと思う。以下に例。

＊

花子が玄関扉を開けると、母が居間の奥から出て来る。

母「あんた、どこ行ってたのよこんな時間まで」

花子「別に」

母の肩をすり抜けるようにして居間へ入って行く花子。すれ違い様に母、

母「あの男のとこね」

立ち止まる花子。

花子「何言ってんの。あの男って誰よ」

母「三河屋よ」

花子「三河屋？　どこにあるのかも知らないわ」

薄く笑う母。遮るように花子、

花子「お母さん、何なら教えて頂戴よ。お使いならあたしが行くわ」

再び歩き出し、居間の扉を閉める花子。

❖カット割り例

カット1　玄関向け・引き。花子入り込み。母、下手からフレームイン。〜すれ違い、母「あの男のとこね」、花子立ち止まり迄《まで》。

カット2　廊下・横位置・バストサイズのタイト2ショット。花子「何言ってんの。あの男って誰よ」〜花子「三河屋？　どこにあるのかも知らないわ」

カット3　母アップ、薄く笑う。〜花子歩き出しアウトして、廊下に残された後の母の顔。

カット4　花子アップ、「お母さん、何なら教えて頂戴よ。お使いならあたしが行くわ」〜歩き出し、フレームアウト。（カット3、カット4はカットバック。会話を交わす母娘それぞれのカットを編集で数回行き来する）

カット5　居間向けの引き。閉じられる居間の扉。残される母のフルショット。

つまりこのシーンをどのように撮るかの設計である。私の例は極めてオーソドックス、かつわりと丁寧な「割り」だろう。しかし玄関向けのカット1のまま一つも割らずに最後まで見せることも可能だし、反対にもっと多く細かく割って、編集に可能性を増やす方法もある。カット割りによって、どこの台詞に力点を置くべきなのか、誰の感情でドラマを観て行けば良いのかも変化する。例えばアップで表情を見せるのは花子のみにして、母親の表情はあえて見せない撮り方をすれば、喋る台詞は同じでも物語の主体は花子になり、母は観客にとって謎めいた存在になって来る。三河屋との関係について当惑しているのはどちらの人物か、追いつめているのはどちらなのかが、変わって来る。つまりカット割りは演出意図そのものであり、作り手の作為やセンスの結晶だ。シナリオは最高で、俳優も良い芝居をしても、カメラポジションが悪ければとらえ切れずに終わるし、ワンカットで通せば生々しい緊張感が出たのに、カットを重ねたせいで作り物めいて見えてしまったりもする。ある意味、映画の生命線を握っている仕事であり、これこそが監督業の醍醐《だいご》味《み》だという人も居るだろう。けれどそれ故に途轍もなく難しい。俳優がリハーサルして動いたのを見て、数十カットの割りを一瞬で考えつく監督も多く居ると言うが、私には考えも及ばぬことだ。だから、クランクインの何十日も前から頭を抱えて考え込む。移動のバスの中で、飯の合間に、撮影後のホテルの自室で、ベッドの中で、気絶寸前まで考え込む。考えても考えても、正解が分からない。

そのカット割りを、誰かほかの人が考えてくれるの？　まあ。何て素晴らしいんでしょう。そんなことが許されるのなら、現場はお花畑だわ。わほほーい。

「じゃ、入れてみるっぺ！」と私はあかるく応えた。さっそく当の妹弟子・N子を呼び、私の作品についてみる気があるかと尋ねると、「はい、ぜひ」と満面に笑みを浮かべた。む。可愛いぞ。よおおし、じゃあ俺について来おーい！　プロデューサーも師匠も喜んでくれた。私は浮《うわ》ついた。楽になれると思ったのだ。しかし、一時間後にはひやりと冷たいものが背中を走った。ちょっと待て。これまで私を支えて来てくれたあの助監督たちに、どう説明すれば良いんだ。いい子を紹介されたので、愛人にすることにしました！　と、妻に言える夫が居るかい？　これまで妻とふたり、力を合わせてやって来たじゃないか。確かに長く一緒に居るうちに、新鮮味は失せて来る。むしろ妻の方がすでに私に魅力を感じなくなり、若い頃のような情熱を失いつつあることは分かっている。出来れば頃合いの良いところで私とは離婚して、自力でやって行く腹づもりだということもね。けれど、それでもこれまで比較的揉めごともなく、ざっくばらんに語り合いながらやって来たじゃないか。人もうらやむ良い夫婦だったじゃないか。それがここに来て何だ。何と言えば良い。これまで私を信じて、虫を育て、ネズミを育て、蜂に刺され、胃カメラを飲まされ、フーゾクで実験台になり、水に入り、湯に入り、私を負ぶって山を登ってくれた妻たちに、いったい何と言ったら良い!!

N子を入れたいという提案に対し、助監督の反応は鈍いものだった。「私は、『演出補（※注：〈監督助手〉の別称。他にも〈監督補〉等。作品によって立場も様々で、業界内でも呼び名が定まらない）』を入れることはいかがなものかと思います。監督が是非とも必要であるというなら最終的には従いますが」という低体温の文面のメールが返って来た。……怒ってらっしゃる。案の定。しかし代わりに、記録係《スクリプター》として彼女を起用したらどうか。という逆提案があった。

スクリプターとは、ワンカットごとの芝居の尺を計り、テイクごとのNG理由、OKを記録して編集部に素材の内容を送る仕事である。記録の仕事はさらに、カットの「つながり」を見る役割も担う。先の例で言えば、カット1で玄関から入って来た花子の右肩にかかっていた鞄《かばん》が、カット2で左肩にかかっていれば観客は違和感を覚える。彼女らは、連続したカットとカットを自然に「つながらせる」ために、それらすべてに目を光らせる。煙草はどの長さまで吸ったか、ジュースはグラスのどこまで減ったか、俳優が振り向いた首の向き、腕の組み方、衣装のしわの寄り方、扉の開き加減。台詞は何をとちり、どこでアドリブが入って、どこのアクセントは間違って……。それらすべてを、一瞬で同時に頭の中に記憶し、書き留める特殊技能を持つエキスパートである。気配りや同時処理能力が求められる故なのか、なぜか洋の東西を問わず昔から現場で唯一女性が担ってきたセクションである。ぴったりと監督の横に座り、折を見て煙草を差し出し、飴《あめ》を渡し、お茶を出し、細々と世話を焼きつつ、監督、今のお芝居は一つ前のテイクよりもテンションが落ちています。声のトーンが変わりました。台詞溜《た》め過ぎ。尺にはまりません。フレームサイズが一つ前のカットとマッチングしませんよ。もう少し引くべき。ちょっと空まで入れてみては？　うん、悪くない、などと、ささやき戦術で監督を支えるブレインともなる。あまり口うるさい母親のようにされると、カッとなって、「うるさいなあもう！　いいから僕の好きにさせてッ！」と反抗期の中学生のように爆発する監督の姿も私は見たことがある。そして「あたしは映画のことを思って言ってるだけですッ！」とよよと泣き出すスクリプターの姿も。ともかくはっきり言えることは、腕のいいスクリプターさえいれば、監督はド素人でも映画の形にはなるということだ。

是枝組にもスクリプターはちゃんと存在し、きっちりとその職務を担って居る。ではN子ら「監督助手」というポジションの人たちは何をして来たかと言うと、ずばり何もしないのだそうだ。是枝組における監督助手の定義は、「何も役割がない唯一の人」なのだ。専門も役割もないからこそ無責任に放てる言葉があり、また、役割に逃げずに、演出を良くするための意見を放つことだけに責任を持つのだと。助監督も、プロデューサーも、みんな作品を良くはしたい。だけど、ロケ場所の使用時間は守らねばならない。小道具の用意をしなければならない。衣装の積み込みを手伝わねばならない。俳優を次の現場に送り出さねばならない。そういう守るべき職務があるが故に、「もう一回やったらどうすか？　芝居全然ダメじゃないすか」などと無責任な放言は出来なくなる、と。実に本質的だ。

N子が一朝一夕でスクリプターになれるか。答えは否、であろう。また同時に、「スクリプター」という肩書きと役割を得た瞬間に、それを隠れ蓑にして口をつぐみ、大多数のアクセル側に立つ可能性はゼロではなかった。人は弱い。マジョリティに対して異論を発することは、恐ろしい。ましてや、縦横の信頼関係も熟成された私のチームにおいて、たかだかキャリア三年の新参者が。でもだからこそ、私には、N子が存在するための大義名分が必要だった。あの子は記録をやってくれていますから。あの子が居なければやっていけませんから、と誰に対しても言えるための隠れ蓑が。たとえそれが非本質的であっても。

「記録をやってくれ」と言い出した私に、N子は微妙に表情を硬くして、「はい」と答えた。勘が良い。そうしなければ存在しづらいのだという空気を、敏感に察知していた。「あなたに任せる限り今回完璧な記録を私は求めない。でも、胸を張って現場に立って欲しい。『居ちゃって、すみません』みたいなのは、堪らない。そして、助監督たちと合わせて演出部だという意識で、準備期間から何でも一緒に仕事をして欲しい。小さな手伝いも、出来ることはすべて」とお願いした。若い愛人に、妻と仲良くしてくれと頼む夫……。

互いに色々とコミュニケーションを取るのは難しかったろうが、双方私に配慮して、最大限に歩み寄ってくれたと思う。青春時代、剣道部で鍛錬したというN子はストイシズムと礼節、そして少年のように健気《けなげ》な性格の持ち主だ。百戦錬磨の助監督にも脇を打たせない。また今回は若い女性の助監督も入り、N子の立場も慮《おもんぱか》って優しく気配りもしてくれた。ああ、女性って良いな。理解力と共生力の生き物だ。めでたしめでたし。現場は和気あいあい、私はカット割りを考える手間も忘れて、お花畑で幸せに暮らしましたとさ。おしまい。……ならば、良かったのだけど。

二〇一五年四月。春篇《へん》。私は頭を抱えていた。調子がまるで狂っていた。自分がおかしい。こんなはずじゃない。開始二時間でネジがぶっ飛ぶ五歳児、獣のような七十五歳のカメラマン、主演俳優は蓋を開けても開けても自意識のマトリョーシカ人形、私の経験則の追いつかない要素はいくつも存在したが、こんなにも自分が信じられなくなった経験は、監督になって以来初めてだった。自分で言うのもおかしいが、私はこれまで、カットの数も、テイクの数も、ジャッジの速度も、きわめて「美しかった」と思う。迷いがない。無駄を好まず、無い中では無いなりのやり方を見つけ、往生際が良い。「男らしい」などと言われたりもした。しかしそれは、私が判断力に長《た》けているからではないということに、いったいどれだけの人が気付いていただろうか。私は必死で「美しさ」を装っていたのだ。それが現場を押し進めるコツであると知ってもいたから。選択肢を増やさないのは、増えれば選べなくなるからだ。迷ったら泥沼にハマる。現場で思考停止に陥り、ぜったいに良いアイデアなんか出ない。私がアイデアを出せるのは唯一、夜じゅうひとり机の上で悩みに悩んだ末の、明《あ》け烏《がらす》の声を聴く瞬間だけだと、私以外には知らなかった。しかし、今回、そのことにもう一人気付きはじめた人間がいるのである。それが「監督助手兼記録」という何だか良く分からない肩書きをつけ、私の一・五メートル斜め後方に影のごとく立つようになった元剣道部員・N子であった。N子は、察知しはじめていた。「あ、今監督、投げ出した」「何をやってるか、自分でも分からなくなってる」……いや、もしかしたら他のスタッフも皆、前から私の醜さには気がついていたのかも知れない。しかし、そこをつつけば現場が破綻する。監督がきれいに収めようとしているんだ。それをぶち壊しにする必要があるだろうか。ねえ、黙っててやろうよ。そこを、N子は黙らなかった。セッティングが整い、芝居も整い、さあーじゃ本番行くぞおお！　というタイミングで、「人物の動きが乏し過ぎませんか。画《え》を見ていて飽きる気が……」「台詞が多くないですか。喋り過ぎで内容が頭に入って来ない気が……」と、容赦ないブレーキング。私はたてがみをわしづかみにされて反っくり返る。とんちんかんな指摘なら良い。そこそこ的を射ている。あえて気付かないふりをしていたような小さな私の迷いのポイントを見逃さず指摘し、白日の下に晒す。「シッ！　それを言うな！」という部分も多い。言ったって解決策がないから私も黙っていたようなことまで、「小手《こて》！」と言わんばかりに鋭く突いて来る。でも、今なのか。それを今言うのか。現場は静まる。みんな、カメラの後方でこそこそ小突き合う私たちを見て、棒立ちになったまま待っている。ああ、私の立場もくそもない。ナイスアドバイス！　採用！　と爽やかに受け止める余裕はなかった。グズグズ考え、まずは自分の思う通りやり、じゃあ保険でもう一回、

N子に指摘された提案をトライする。主体性のないトライだから、OKとNGの判断基準が鈍る。テイクは重なる。カットも増える。グズグズした現場。それが良いのか悪いのか、自分でも分からない。けれど長期間考えて来た自分のプランにばかり固執して、人の意見を素直に聞き入れられないような大人は愚かだ、ということだけは分かる。そして若い人が勇気を振り絞って、誰の援護射撃も受けず、たったひとりで意見してくれているのに、それに対して背を向けようとするこの狭量。私はN子の目を見ることさえしない日もあった。意地になっていたのだ。私はずっと自分ひとりで考えて来た。ひとりで悩み、ひとりで断ち切り、ひとりで解決策を出して来た。自分で出来るんだもん、という子供染みた自負もある。それがここに来て、出来なくなるのではないかと思うと怖かった。絶えず鍛えて来た筋肉が、ゆるく脂肪に変わって行く感覚だ。誰かの手を借りなければジャッジを出来ないのならば、もう自分が現場にいる必要もない気さえしてくる。しかしかつて私の師匠は、カットをかけた直後に臆面も無く私の目を覗《のぞ》き込んで来たりした。こっくり頷いてみせると、晴れやかな顔でOKと声を出していた。入ったばかりの私が現場に存在出来たのは、そうやって誰かが必要としてくれている、と思えたからこそだ。自分にも、居る意義があるのだ、と自信が持てた。振り向かぬ私の小さな背中をじっと見つめ続けるN子は、どんなに切ないか。それを思うといたたまれず、ますます振り返ることが出来ないのであった。一年前の春。私は自分がいかに子供であるか、これほど身にしみる日々を送ったこともなかった。

夏にも二週間の撮影をした。春篇では出さなかった小さなモニターを手にした私の後ろには、やはりぴったりとN子がついていた。剣士のN子は、女性にしては無駄口が少ない。人には優しいが、自分は甘えないし、泣き言も言わない。皆がこぞって人の陰口を言うようなときは、しずかに叩かれている方の肩を持つような人間だ。本人は否定するだろうが、私からすれば、人としての徳が高い。反対にもう少し人として女として甘ければ、上司の私にうまいことみくびらせ、油断もさせたのかも知れないが、その清廉さと如才なさが、いつまでも私をうっすらと緊張させもした。もしかしたら私自身の難しさに似ている部分があるのかも知れないとも思った。

けれどどんなに私が長いこと振り向かなくても、N子は私を見ていた。私がふと、不安になるときを、逃さなかった。不安になり、迷い、分からなくなってもなお私は振り返らない。それでも背中のすぐ後ろに、そっとN子が佇《たたず》み、同じ思いで悩んでくれているその体温を黙って感じていた。「どうします?」ではなく、「どうしよう」と考えている。自分以外の人間が。その頃には少し観念もして来た。他の誰かのジャッジを取り入れて、仮にそれで少しくらいマズったとしても、闘いは長いのだ。数百のカットの中の一つだ。リカバリーもきく。それを誰かのせいにさえしなければ、私が責任を放棄したということにはならない。別にみっともなくなんかない。ひとりで頑張るだけが、美しいことではない。頭で考えれば簡単なことに、十余年やって来た身体が順応出来なかったのである。

モニターを手にした私は振り返らず、うつむいたまま「どうなんだろうなあ」と絞り出すような声でつぶやく。

すると「サイズ、詰まり過ぎてますか」と背後から、即座に言葉が返る。

「うん。もうちょっと引いても良いのか」

「はい。少しここは客観的でも良いのかなとは思います」

「そうか。そうだね」

そして私はカメラマンの山崎さんに、レンズチェンジを求める踏ん切りがつく。やがて小さなモニターの中に、理想的な画角が出来上がる。私は、はじめてN子と目配せをする。いいねえ。これですね。と言葉を交わす。出来た画を見ながら、N

子は心底嬉しそうな笑顔を浮かべている。この人は逃げない、と私は確信する。ものを作る以外に無い人間なんだ。

冬の頃には、私は後ろを振り向く癖がついていた。大丈夫だよね？　と確認をとる癖も。相変わらず的を射た小手を、今ここで？　という瞬間に打たれることも多々あり、その都度カアッと頭に血が上ることもあったが、考えてみれば私はこれまで監督業をやって来た中で、現場のスタッフに対して「カアッと頭に血が上」ったことなどなかった。ミスも遅延も、すべての人が力を尽くした上でのやんごとなき事情がほとんどで、ため息は出ても怒りの感情は湧いたことがなかった。それは多分、どんなに親しいスタッフともパーソナルスペースを侵さない心理的距離感でやって来たからだと思う。人の仕事には畏れを抱くし、私の仕事もまた人に畏れられていた。決して他人に干渉されなかった安全地帯をN子に踏み込まれ、自分の懐の内で後生大事になで回していた演出や脚本の内容にばっさりと切り込まれた私は、途端身ぐるみはがされたような気持ちになり、必死で恥部を手で覆いながら、さてもぶざまに逆上してしまうのである。こうして私は、自分のアイデンティティそのものであった「孤独」を奪われてしまった。私は弱くなっただろうか？　確かに、弱くなったようにも思う。「美しさ」なぞどこへやら、私は撮影後も、信じられないくらいしつこく編集を直し、録音技師の白取貢《しらとりみつぐ》さんをへろへろにさせるまで整音の修正を重ねた。いつのまにか、諦めの悪い人間になってしまったのだ。しつこくて、くどくて、往生際の悪い私。ついに自分の本性を職場に持ち込んでしまうようになってしまった。そんなていたらくでも、結果を信じて背後で頷いてくれる存在があることを知ってしまったからである。

すべてが終了したのは、クランクインから約一年後の三月一日。長かった。悔いはない、と言いたいところだが、実は色んな悔いもすでにある。ラインプロデューサーには「何でも腹八分目が良いですよ」と、納得出来るような出来ないような励ましで締めくくられた。

N子は是枝監督からも、もう自分で作品を作るようにと言い渡されているから、これから先はテレビディレクターや監督として一本立ちして行くことになるだろう。あまり長い間助手にとどまらず、一日でも早く自分の企画を書き、自分で撮れ、というのが、私の師匠の弟子に対する基本方針なのだ。私の組も、是枝組しか経験のなかったN子にとっては一度限りの後学の場だと初めから決められていた。もう、これっきりである。だから私は嫌だったんだ。誰かを心のうちに宿すと、別れが辛くなる。「でももう一回、西川さんの作品、やりたいです」とN子は初めて二人で並んで入った飲み屋で酔って私に言った。「やっとつかめてきたんです。次は、もっとうまくやります」と。「次はいつになるか分からないよ。また三年後か、四年後か。そんなに待ってちゃだめだよ。自分のことをやらなくちゃ」と私は答えた。涙が出ていた。

x＝愛

「ジェイ・ノベル」2016年7月号

不滅の愛を知っていますか。

四十一年も生きては来たが、未《いま》だ私は、生涯をかけて愛しますと他人に誓ったことがない。不滅の愛を約束し合い、その後二十年も、三十年も、四十年も、その火を絶やさず守り続けた経験がない。愛そのものを疑ってはいない。だが私には、その持続性を証明する実績がないのである。人の命がそうであるように、愛もまたいつかは廃れ、力つきてしまうのではないかというおそれを拭えない。あわれな奴よ。真実の愛を見くびるな！　ラヴ・ネヴァー・ダイズ!!　と先輩方にはそしられるだろうか。それとも――愛？　誓った頃はそんな名前だったかしら。惰性のことを「不滅」とも呼ぶのよ。だからドンマイ。と慰められるだろうか。皆さんのお手元の愛は、お元気ですか。

ついに四年がかりの新作が完成した。毎度のことだから覚悟もあったけれど、やっぱり今回もそう楽には行かなかった。何度も失敗を繰り返し、気持ちもくじかれた。唯一、経験や年齢にも後押しされて変化出来たことと言えば、人の気持ちをくじくことにも、躊躇しなくなったこと。やってほしいことを「やってみてほしい」と、それだけちゃんと言う。そんなことも言わずにこれまで映画を撮って来たのかと呆《あき》れられるかも知れないが、人の労苦を無下にするのはなかなか容易ではないよ。相手がどんな腐心の末に放った渾身《こんしん》の一球であろうと、ぼろぼろに疲れ果てていようと、そんな事情はわしゃ知らんとばかりにケチをつける。私の言葉を聞いて、がっかりしたりうんざりしたり、唇が真紫になったり白目をむいたり、実に様々な反応を見たが、そういうときは、くるり、と背を向けることにした。人の気持ちをくじくことに、くじけないぞと決めていた。

事実、一本映画をやれば、キャスティングミス、スタッフィングミスを疑う瞬間もたくさんある。何だこの場所。何だこの衣装。何だこの曲。何だその芝居。幾度も仕事を共にした古参の仲間との間にでも、それは起こりうる。深い感覚の溝をどう埋めていいかの糸口もわからなくて、愕然《がくぜん》とする。とほほ。これじゃ先が思いやられるよ。と思うけど、そういう場面で匙《さじ》を投げない。やってほしいことを「やってみてほしい」と言ってみる。きっとだめ、と思っても、言うだけ言ってみる。すると相手もうっかり手の抜きどころを見失う。違うんだ、そうじゃない。そっちじゃない。でもここだけは良い。こうしたらもっと良い。ちょっと良くなって来た。だんだんそれっぽい。……それだ。それしかない！　と、押し引きを繰り返すうちに、まさかという相手とチューニングが合う瞬間も来る。しかし一度は合っても、次のときにはまた「まさか」。せめぎあった結果、やっぱり合わないときもある。それでも、くじけず、また次回も注文を付ける。しかしもう、どんな注文を付けるのも怖くない。相手も怖がらない。信用って、在るものじゃなくて、こしらえるものなんだね。

かくも私のモチベーションを支えて来たもの、それこそすなわち、自分の背負う作品へのまぎれもない、愛である。愛がすべてさ。母親が腹を痛めた我が子に抱くように、疑う余地もない強固な愛と、それに基づく責任感に支えられていたのさ。寝ずとも食わずとも、くじけても、くじいても、痛くも痒くもなかったさ。愛の終わりなんて、考えたこともなかった。

映画作りのすべての作業工程が終わると、初号試写会という初お披露目が現像所の大試写室で行われる。すべての出資者、制作者、出演者が一堂に会し、流した血と涙の結晶が、ついに銀幕に映し出されるのだ。監督は晴れがましくも、不安である。「俺にあれだけ汗かかせて、出来上がったのがこれか」と全方位から断罪されるかも、とおののいている。しかし爽やかな笑顔の俳優たちも、無骨な無表情のスタッフたちも、かかわってしまった人間は皆、実は裁く側ではなく裁かれる側の心理に立っている。あたしの芝居のせいで、ぼくのライトのせいで、おれっちの小道具のせいで……皆当事者としての責任を感じているのだ。だから初号試写は「お祭り」とは言えない。もう二度と取り返しのつかない、「おかした過ちを目の当たりにする会」なのである。一種異様な雰囲気で試写は開始する。みんなまばたきもせずに見入っている。ライトタッチな場面でも、無邪気に笑い声を上げてくれるのは何の役目を果たしてるのやらよくわからない出資会社のおじさんくらい。盛り上がらない……。

ときどき「誰のために映画を作っているのか」という自問をしてみるけれど、映画の現場というホットな戦場を経験してしまうと、死にものぐるいで奉仕してくれたスタッフのために、とついつい思いたくなる。いちばん陽の当たらない場所で、いちばん粉骨砕身した人たちに、恩返しをしたいんだ、という浪花節《なにわぶし》が流れる。お客なんて何だ。ちゃらちゃら女とシネコンへやって来て、ポップコーン食い散らしながら観るんだろ？　デートの間《ま》さえ持つのなら、別の映画でも良いんだろ？　それよりも、泥にまみれた戦友たちが「やって良かった」「報われた」と浮かべてくれる笑顔を見たいよ。が、実際には先に書いた通り、誰もそうそう笑顔になど、なってはくれない。むしろこわばってる……。しかしこわばったスタッフの表情を初号で見て、やっと前が向けるのだ。内輪受けに収まってどうする。映画は、人に観られて映画になるんだ。さあ、商売するぞ。

今回は出演者の数も多く、異例だが計三度の初号試写が組まれた。それに先立って私は映像チェックのために0号《ゼロ》試写というのを観ている。私は、約一週間ごとに四度完成品を観た。以下、感動の初お披露目四連発の上映中に私が考えたこと。

一度目。0号試写。1カットごとの色味に欠陥がないかを集中的に観る。二箇所、気になる場面を発見。もうワントーン明るくするべきだった。でもまあ許容範囲。それよりいくつかの音の仕上がりに「マズい」と思うポイントを発見。中盤の1シーン、音楽のテンポが忙しい。音の玉のひとつひとつをバラして、もう少し間を空ければ良かった。色々試し過ぎたせいで、混乱して最後の最後に判断基準が鈍ったんだ。また別のシーン。店内のBGMを二秒早めに沈めて静かにさせるべきだった。

二度目。第一回初号試写。序盤の1カット。車の走行音を安易に外してしまったが、戻したい。ゼロにするんじゃなくて、ボリュームを絞ってうっすら残せば良かったんだ。流れている音楽も、もう一歩踏み切って大きくすれば良かった。いつもここぞというときに思い切りが足りない。中盤、レストランのBGMの音量を後半なぜもう少し沈めなかったんだ。おかげで芝居の展開に集中出来ない。また別のシーン。喫茶店のエキストラの数が多過ぎるし、喋らせ過ぎてる。もっと静かな環境のイメージだったはずなのに。なぜ現場で気づかない。

三度目。第二回初号試写。編集でカットしたシーン。本当に外して良かったんだろうか。何で安直にジャッジしたんだろう。それにしても、××のクオリティが低い。当初のイメージにまったく達してない。なぜもっと追い込まなかったんだ。サボりたがる奴の言いなりになったな。予算が少なくて安く作業させていた負い目から、手綱が緩んだんだ。甘い。ダメだ。こんなやり方じゃ。

四度目。第三回初号試写。前半の1シーン。なぜもう一つバストショットを撮っておかなかったんだ。同じ台詞でもロングショットではなくバストショットで聴かせたら、もっと心情に迫れたのに。現場は時間もあったのに、バカだ。中盤の1シーン。役者の芝居がこなれていない。これじゃただ台詞を読んでるだけ。どんな感覚ならこれでＯＫが出せるのか。終盤。本当にこのテイクで良かったんだろうか。捨てたテイクの中に正解があったのでは？　いや、しつこいほど夜中じゅう素材は見直した。これ以上のものは撮ってない。現場で別の指示が出来れば役者だって違ったんだ。クソ。もう一度やり直したい。今なら五分もらえれば素晴らしいＯＫテイクが撮れる。が、もうそれも無理な注文だ。タイムオーバー。映画だって決まった予算とスケジュールの中で製作管理されている。これだけ修正点が見つかっても、私には何も術がない。エンドロールが上がりきり、場内が明るくなる。拍手で全員が完成を祝福してくれている。立ち上がり、笑顔で小さく会釈する。もはやこれまで。そして四年の歳月続いて来た私の愛は終わったと思った。作品が気に入らないのじゃない。たしかに欠点もたくさんあるけれど、これが私の今の最上級だ。とても気に入っているし、とても誇らしい。自分の作った物の中でも、今はいちばん好きだと思える。でも、もう愛は終わったのだ。なぜならば、私はこの作品の中身に対して、もうしてやれることが何もない。関係することが出来ないんだ。それでも愛を引きずっていては、私が生きて行けない。

愛とは、関係することだと私は思う。さまざまにかかわって負荷もかけ、こっちも変わり、相手も変わり、ともにまだ見ぬ場所に旅することだ。関係することの叶わない人を、遠くひそかに偲《しの》ぶような愛は私には難しい。これから作品と関係して行くのは、私ではなく観てくれる人だろう。私が自分の映画に与えてやる愛も、役目を終えた。愛の終わりとともにストレスも消える。やれやれ、こんな日が来るなんて。手こずらされていた頃には、「今すぐにでも解放されてしまいたい」と思っていたのに。しかし愛が終わってすべてを失い、生きる気力もなくなるかと思いきや、ふしぎなことに恐ろしい勢いで脳内から作品の記憶が消されて行く。現場のトラブル、俳優やスタッフとの折々の出来事。いつのことだか、思い出してごらん。あんなこと、こんなこと、あったでしょう？ ……全然思い出せない。なぜだ。これも私の脳による、自己救済措置なのか。愛の喪失にうちひしがれることなく、次へ踏み出すようにと地盤を整えているのか。思い出に浸って過ごそうにも、忘れているのだからどうしようもない。共に思い出の出来た仲間たちも、例のごとく既に全員他人の妻となって去った。仕方がないから他の仕事でも探すとするかー。

「寝ぼけたこと言ってないで、思い出して下さい！」

突然宣伝部に首根っこを摑まれる。……そうだった。先にも書いたように、映画は人に観られて初めて映画になる。つまりは人に観られるまでは本当の意味での映画の完成ではない。初号が終われば、春の芽吹きのようにわくわくと宣伝活動が始まる。私はいわば、種から大根を育てるのが専門のお百姓だが、今後はその大根をきれいに洗って、梱包《こんぽう》して、出荷ルートに乗せて、「〝みわちゃん大根〟、おいしいよ！」という宣伝文句を拡声器で叫び、お店に引き渡すところまでの作業にも参加せねばならない。「大根育てたら終わりと思わないで下さいよ」と宣伝部にはキツく言われている。昔のお百姓さんはそれで良かった。いい大根さえ実直に作ってれば、愛想なしでも通用した。でも今は時代が違うんです。他の娯楽に打ち勝ってお客さんを獲得するには、お百姓さんも名前も顔も出して、ちゃんと自分で売る努力をしてくれないと、ダメなんです‼　ということで、社会性の欠けた裏方や、社交辞令の一つも言えない俳優たちがテレビや雑誌に招かれて、映画の「見どころ」をもごもご語ることになる。お茶の間的でない陰気な顔でとりとめのない話を聞かせてしまったりで心苦しいが、我々にとってもこれは、本当にまた新たなる苦闘なのである。かつて飛ぶ鳥を落とす勢いだった人気女優が舞台挨拶で「べつに」と発言してひどく叩かれたが、あれは同じ質問を千回くらいされた後に発症した異常心理だという説もあった。冤罪《えんざい》の被害者が、やってもいないのに「おれが殺《や》りました」と自白に転じるのとほぼ同じからくりだ。同じ質問を無限に繰り返されるうちに、理性も保身も崩壊し、何もかもがどうでも良いような自暴自棄に陥って行く。この反復から解放してもらえるならば、今すぐ殺してくれても構わない、というような。

当然、作品に対しての愛など、もはや一ミリもなくなっている。

私もかつて、多くの取材を受け、売るための美辞麗句を自ら反復した結果、人から「作品、良かったです」と言われただけで、苦しくて涙が出るような状態に追い込まれたこともあった。三十二歳の頃。『ゆれる』という作品だったが、二〇〇五年の末に完成してその後二年くらいは地方のイベントや海外回りが続き、最後はタイトルを聴くだけで、キーンと耳鳴りがした。愛して育んだ作品と、そんな関係になってしまうとは、無邪気に現場で汗をかいていた頃には、予想だにしないことだ。

多分それは、作り終えた作品への執着を捨てなければ、決して次の道は開かれないと知っているのに、むりやり鎖で首をくくられている苦しさなのだと思う。しかし作り手にとっては過去の産物であったとしても、それをまだ観ぬ人々に売って歩く限り、この拘束から逃れることは許されない。足を掻《か》いても掻いても、未来に進まない。自分を取り巻く話題はすべて過去にまつわるもので溢れており、少しも先のことなど考えられない。その上最後には必ずこう訊かれてしまうのだ。「それで、次回作の構想は？」

韓国の衝撃作『息もできない』で長編監督デビューした俳優のヤン・イクチュンさんは、その才能を俳優、監督両面から世界中の映画祭で激賞された。暴力一色の劇中のキャラクターとは対照的に温和で人懐っこいその人柄も愛されて、あちこちを旅していたが、じきに目眩《めまい》と頭痛と不眠に悩まされるようになったという。作品の発表から四年後に日本で再会したときにも「すいません、まぶしくて」と夜中の居酒屋でサングラスをかけた。監督、監督、次は何を撮るんですか？　今いちばんやりたいことは？　と韓国国内の映画祭のレッドカーペットで記者からマイクを向けられたとき、「セックスだよ！」と吐き捨てたこともあると言う。今頃どうして居るだろう。

ポイントは「能動的になれるか否かだ」と教えてくれたのは『ディア・ドクター』という作品の主演をつとめてくれた笑福亭鶴瓶《しょうふくていつるべ》さん。「毎回毎回みんなおんなじ質問してきはるやろ。『師匠、何でこの作品に出ると決めたんですか』『現場でのおもしろエピソードは』。監督やったら『この話を思いついたきっかけは』とか『どうして鶴瓶に決めたの』。ぜんぶパンフレットに書いたあるっちゅうねん。それでもみんな訊いてきはる。あれ何で？」

「それですよ。師匠、私もう耐えられません」

「せやろ。せやから監督な、これからはおんなじことといっぺんも言わんつもりで答えて行き。毎回必ず違うこと言うたんねん。まるっきし違わんでええのよ。けどちょこっとずつでも、毎回、一つ前のときとは絶対変えて言うてみ。おんなじ質問の答えが毎回変わっても、嘘やなければええやろ。……ええやんな、宣伝部！」

「――ええです！」

「そうやってやるとな、毎回頭がぐーって考えんねん。うーん、どない言おう、って。そしたら自分でオモロなってくるよ。ルーティンになるから辛いのよ。やらされてる、言わされてる、ロボットみたいになってるって。人間、ロボットになんのんて、辛いのよ」

「なるほど」

「て言うてもほんまへろへろや。今電車乗ったらおれ痴漢してまう」

どん欲な鶴瓶師匠は、そうこぼしながらも一つのエピソードを語るごとに聞き手のインタビュアーの反応、笑いどころをつぶさに観察し、一回ごとに喋りの間を変え、表現を変え、縮小や拡張を試み、キャンペーンの終わる頃には自分の独演会で披露出来るクオリティのネタをいくつも完成させていた。天才の努力とはこういうものなのだな、としみじみ。

作品の企画者だった安田さんと鶴瓶師匠は大阪時代からの旧友で、その縁にも喜んで役を快諾してくれたわけだが、完成して三ヶ月後、会食中に脳梗塞をおこした安田さんはあっさりこの世を去った。鶴瓶師匠は聖路加《せいるか》国際病院の霊安室で硬くなったその顔を見下ろしながら、おれが、ちゃんとやる、とつぶやいた。小規模体制で配給した映画の興行を成功させるために、自らの知名度をフル活用してイベントを組み、沖縄から北海道まで全国行脚に同行してくれて、海外にも共に三度行った。どこへ行ってもおばあちゃんからヤンキーからわんさと取り囲まれたが、一枚の写真も、一回のサインも断るところを見なかった。遠くから携帯のカメラを向ける若者に、おいそんなとこで何してんねん、と手招きし、肩を組んで写真を撮り直させていた。曰く、「人にちやほやされとうてこの世界入ってん。人気出てから『嫌や』はないわ」。

アドバイスを受けた後は、実際私もずいぶん楽になった。幾度お定まりの質問をされても、すべて一回きりの真剣勝負のようで背筋が伸びる。けれど結局のところ笑福亭鶴瓶という人間性が作品のそばに在ってくれたことが、当時の何よりもの救いであり、発見だったのだと思う。

自分の作品への愛は、折々の節目とともにほとぼりが冷め、ときには嫌悪にも転じ、そしてゆっくりと過去のものへと変化して行くが、自身の中に記憶として残像を残しているのは、やはりこういった「かかわりの跡」のようなものだ。誰に褒められたとか、数字がどうだったとかいうことは、生活を支えてくれる基盤にもつながっているのだろうが、作品が自分の胸に何か残していってくれたお土産はあるかと問われると、やはりそれも関係がもたらしたこんな小さな言葉や出来事である。

宣伝部は血眼になって、「私たち、この作品をどうしてもたくさんの人に観てもらいたいんです」と夜も寝ずに準備をしてくれている。何にせよ、我が子がそうやって他人から愛してもらえるのは、幸せなことだ。求められるうちが花。人の愛に乗っかって、関係することで生まれる愛も、悪くない。よっこらせっと腰を上げる。さあ、今回の千本ノックはどんなふうに受け、またどんなものとかかわっていけるのだろうか。怖いような、楽しいような。

x＝音楽

「ジェイ・ノベル」２０１６年10月号

私は、新作で初めてクラシック音楽を扱ってみることにした。

鍵を握ったのはヘンデルの〈調子の良い鍛冶屋《かじ》〉という楽曲だった。「主人公の家のリビングに聞こえて来る、近所の子供の弾くピアノ曲」を探している中で、たまたま出会った曲である。先日大阪キャンペーンに出掛けたら、評論家のミルクマン斉藤《さいとう》さんが「さわりのとこだけは教科書に載ってましたよ」と言われていたから、地域によってはポピュラーな曲かも知れないが、私は知らなかった。

クラシックの名曲の中には、曲そのもの以上に、それを当てた映像のイメージがより強く人々に記憶されているものもある。シュトラウスの〈ツァラトゥストラはかく語りき〉は『２００１年宇宙の旅』の曲。ワーグナーの〈ワルキューレの騎行〉は『地獄の黙示録』の曲。ヴィヴァルディの〈マンドリン協奏曲〉は『クレイマー、クレイマー』の曲。名曲は、世にしぶとく残ってきたものだけに楽曲そのものの足腰は強いが、既に他の映像作品の色がついているリスクも高い。ショパンの〈別れの曲〉やドビュッシーの〈月の光〉も良かったが、あまりに様々な場面でこすられてきた印象があり、物語のほうが曲に食われてしまうと思った。

私は普段クラシック音楽を聴く習慣もないので引き出しが少ない。レコード店に行っても、協奏曲、交響曲、ソナタ、アリア、オラトリオ、何が何だかわけが分からず立ちすくんでしまう。私は日本の音楽教育を呪った。たて笛のテストで一音ピィと妙な音が出た瞬間に「はいダメ」と教師に止められたのを思い出した。たて笛。大人になってから吹けずに困ったことが一度もないぜ。かわりにこの程度の基礎知識をなぜ義務教育の課程で教えてくれなかったのか。こうなったら、頼みの綱はiTunes。カテゴリーにかかわらず、片っ端から試聴して行く。悲嘆や激情や荘厳さに振れず、シンプルで、純朴で、軽やかな曲を探していた。イエルク・デームスというピアニストの弾いた〈調子の良い鍛冶屋〉を初めて聴いた時に、これだと思った。子供でも弾けるような、ゆっくりやさしい始まりが、いつの間にか折々の四季を追うように変化し、踊るように旅をして行く。どんなときも陰鬱にならず、へこたれず、光あるほうを探して駆け抜けてゆくひたむきなメロディ。なんという明るさに満ちた曲なんだろう。「生きてて良いんだね！」と思えた気がして即決。その後は、ずっとこの曲を繰り返し聴きながら物語を書いて行った。どんなに筆が進まない夜も、子供たちの声に応援されているような心地《ここち》になるふしぎな曲。

この曲を柱にして、新しい映画の音楽は考えて行こうと思ったのだが、私にはクラシック音楽の人脈がなかった。これまでの映画音楽はモアリズムというライブバンドの人脈を中心にして、ほとんどがインディーズ・レーベルやアマチュアのミュージシャンによって編成され、演奏をされて来た。デビュー作を撮る前、音楽費は十万円しか用意されていないというときにライブハウスで知り合って、「何でもやるよ」と言ってくれたのが彼らだった。以後作品の大小かかわらず音楽を作って来てくれた彼らだが、今だから言うけれど、ピアノを演奏していたのは中学までしかピアノを習っていなかったベーシストだったし、ドラムのリズムがゆるいと言って怒り出したボーカリストがドラマーを引きずり下ろして自らドラムを叩くなど、現場は恐るべき力業でやりくりされていた。必要に応じてお経も唱え浪曲も唸《うな》り、スペイン語教本片手にマリアッチを奏で、とにかくその場でいちばん得意な人間が得意なことをやるというアマチュアリズム炸裂の学園祭システム。ライブやツアー以外は皿洗いやゴミ収集やビル清掃で生計を立て、タフな労働者スピリットを地でいく人たちで、スタジオミュージシャンや音大出など一人もおらず、五線譜は読めないから誰もおたまじゃくしを書くそぶりさえない（彼らによれば、尊敬する黒人ブルースマンで楽譜を読めたやつはいない、とのことだった）。さらにこのご時世において打ち込みで音楽を作らず、全てがアナログ、生演奏。メンバーが揃《そろ》ってスタジオに入らなければデモ音源一つ作れないし、録ったものを後から良い部分だけ編集したりもしないから、全員で映像を見ながら何分何秒と合わせてドンピシャのサイズでノーミスで演奏するしかなかった。他人がこの録音現場を見たら不安で狂うと思い、私は「いいから見ないで」と言ってプロデューサーさえスタジオから閉め出していた。いわゆるプロとしての受注仕事をしていない人たちだから、映画音楽においても既成概念がなく、普通はこうするよね、という定石からは作曲も演奏も確実にズレた。その「いかにも」に収まらないところが何よりの特長で、音色にも、リズムにも、手触りがあった。デビュー作以来の付き合いである彼らに対して、私も手心を加えることなく「違うね」と仏頂面で永久に注文をつけ続けた。

しかしヘンデルとなると組むべき相手が違う。モアリズムに別れを告げて、私が相談を持ちかけたのは二十代の終わり頃にＣＭの仕事で知り合った音楽プロデューサーの伊藤秀紀《いとうひでき》さんだった。伊藤さんには映画音楽の経験はなかったが、熱心で楽しそうに仕事をする人だと私は記憶していた。あと、年に二度、お中元とお歳暮にビールを箱で送ってくれた。私がビールを何より好むことを知ってか知らでか、一緒に仕事をしてから十年以上も経とうというのに、ずっとである。また映画を作るごとに、「観ました！」と元気の出るような感想を送ってくれた。他にあてもないのに伊藤さんに相談しないのなら、私は十年分のビールに謝るべきだ。

脚本を読んでくれた伊藤さんを仕事場に招いて意見を聞くと、「ぼくはこれを読んで、〈カヴァレリア・ルスティカーナ〉を思い浮かべてしまいました」と第一声で言われた。カヴァレリア・ルスティカーナ‼　私は大きな声を上げた。それこそ、私がこれまでで唯一入れ込んで来たオペラだった。映画『レイジング・ブル』のオープニング曲だからだ。ボクシングリングの上でたったひとりステップを踏むロバート・デ・ニーロのスローモーションカットに被せられたのは、マスカーニ作曲のそののびやかな間奏曲だった。デ・ニーロが体当たりで演じる人格破綻者のボクサーの血と反吐《へど》にまみれたような転落劇とは、凡そ釣り合わないそのメロディの神々しさが却って感動的で、私はこの曲もまた、筆の進まぬ長い執筆期間に、「ダメなやつでも神さまは赦してくれてるよ！」という解釈とともに何百回と繰り返し聴いていたのだ。「伊藤さん！　是非一緒にやりましょう!!」思わず私は言っていた。

……なぜ伊藤さんは私が好きなものを知っているんだろう。

こちらの話もまた血と反吐にまみれたような物語である。それを包み込むような優しさと明るさが音楽には欲しい。ただし〈カヴァレリア・ルスティカーナ〉ほどの雄大さではなく、もっとささやかな世界観で表現したい。と私は言ったように記憶している。伊藤さんは〈調子の良い鍛冶屋〉に加えて、ヘンデルの残した曲からいくつか良いものを選び、映画の転換点ごとにちりばめるとどうか、と提案をくれた。そして作曲家兼演奏家として、バイオリニストで様々な演奏家と交流も深い中《なか》西俊博《にしとしひろ》さんと、ギタリストでもある作曲家の加藤《かとう》みちあきさんのふたりを推薦してくれた。

映画音楽と言うと、『スター・ウォーズ』や『E.T.』のジョン・ウィリアムズ、『ゴッドファーザー』のニーノ・ロータや『戦場のメリークリスマス』の坂本龍一《さかもとりゅういち》など、いかにもその作曲家らしさがほとばしるメインテーマを思い浮かべるだろうが、現代劇の空間の中には実にあらゆる音楽が存在する。居酒屋でかかっている昭和歌謡、喫茶店の有線の軽めのフュージョン、テレビのナイター中継から聞こえる応援ラッパ、パチンコ屋のやかましいユーロビート等々、その作曲家らしい作風のものでないものもすべてゼロから作らなくてはならない（坂本龍一さん本人がそれらを手作りしているかどうかは知らないけど……）。既成曲の既成音源を使うのがいちばん手っ取り早いし、リアリティも高いが、一般上映における著作権使用料、およびＤＶＤやテレビ放送などの二次利用における使用料などを合わせて支払うと、あっという間に数十万～数百万円の金額が飛ぶ。居酒屋のワンシーンにうっすら流れているＢＧＭに大枚は叩《はた》けない。日本の映画作りにおいて、音楽にかける費用は一般的に途轍もなく低く見積もられていると私は感じている。惜しみなく名曲、名演奏を流用するハリウッド大作を横目にほぞを嚙みつつ、では、音楽家さん、お願いします！　ということになる。

加藤みちあきさんに最初にお願いすることになったのは、劇中で五歳の女の子が夕方五時から欠かさず観ているテレビアニメの主題歌だ。『ちゃぷちゃぷローリー』と題された、トビウオの兄弟の冒険物語。子供のいない四十代の主人公が、いきなり子供の暮らす生活に飛び込んで覚える違和感。スノビッシュな中年男の暮らしには存在しない、けたたましくてぺらぺらと軽い音質。しかし二人がじきに馴染《なじ》んで行くにつれ、一緒に口ずさんだりする、ある意味で関係性の鍵を握る重要なアニメソングである。実際の昨今のアニメソングは、さほど幼児向けの内容では作られておらず、大人の歌い手が、大人っぽい楽曲や歌詞で歌っているものも多いようだが、あえて自分が子供時代に観ていた『トムとジェリー』や『カリメロ』、『ハクション大魔王』のような、子供の、子供による、子供のためのアニメソングを希望した。

加藤みちあきさんは数々のアニメソングの作曲や編曲も手がけて来た百戦錬磨の仕事人。私も伊藤さんも夜中じゅう参考資料を探し、どんな曲のどのテイストを取り入れたい、楽器はこれ、歌い手はこんな声質の人で、と細かに意見交換をして来た。目指すところが定まった頃合いに歌い手さんも呼んで歌ってもらい、いざ、喜色満面でデモテープを上げて来た伊藤さんに——私はまさかのNGを出してしまった。電話をしたのは確か二〇一四年の年の瀬の十二月三十日だった。「伊藤さん、ごめんなさい。何かが違うような気がしてしまいました」

何がどう違うのか、音楽の修正は実に言葉で伝えづらい。私のように楽器を演奏出来ず、音楽用語にも疎い者では、音楽家とのコミュニケートはなおさら難しい。半分は好みの問題でもある。私のなかでは「違う」でも、ほかの人には違和感のない仕上がりかも知れない。

「何か違う」

「どこが」

「どこがって、違うでしょ」

「監督の言う通りやればこうだよ」

「何だかキレがありすぎるし明るい感じがしちゃうんだよ。もっとけだるい、切ない感じじゃないと。マイナーにしてもらっちゃだめなの」

「これはマイナーコードだけど。監督の『切ない』という意味が俺にはよくわからない。ねえわかる？　○○くん」

「……うーん、ちょっとわかんないかなあ」

「ううううう（頭を抱える）」

これまでの作品でもスタジオ内でモアリズムの人々と幾度となく繰り返して来た押し問答。思い出すだけで頭が痛い。電話の向こうの伊藤さんも、言葉に詰まっている様子が感じ取れた。私がビールが好きなことも〈カヴァレリア・ルスティカーナ〉にしびれていることも伊藤さんは捉えていたが、放って来た第一投は明らかに浮いたボール球。私はここでボールと分かっているのに振るべきなんだろうか。そうすれば伊藤さんや加藤さんには幸先も良く、軌道に乗って行けるのか。それとも、またあれをやるのか……けれども伊藤さんは、次の瞬間には「わっかりました！

この時期なんで、ちょっとお時間ください！」と、明るい声を返して来た。ここらが私たち映画畑の人間の石頭と違う、お客さん相手の仕事をしている人の対応の夕フさであり、柔らかさだ。そして正月明けの六日、作曲も根本から変わり、歌い手さんを呼び直して、第二のデモが上がって来た。ズバリまっすぐど真ん中。注文つけて、よかった。

例の〈調子の良い鍛冶屋〉は、実際の子供に弾いてみてもらうことになった。手練れの演奏家が、あたかも子供のように「下手に」弾くと不自然になる予感がしていたからだ。スタッフのお子さんが通っているピアノ教室から、何人か腕と度胸のある子を呼んで、その日初めて目にする〈鍛冶屋〉の楽譜を弾いてもらって録音をした。念のためピアノ経験のある大人のスタッフも数人組み入れた。あらかじめ何週間か練習をしたスタッフ、その日初めて楽譜を見るスタッフ。曲だけは何百回と聴いていた私も参戦した。ピアノを弾くなんて、中学以来。楽譜がさっぱり読めなくなっていて、親の払った月謝を思うとしみじみした気分になった。この調子だとひょっとすると、協奏曲と交響曲の違いも学校で教えられていたのかも。

録音が終わると、誰が弾いたものかは伏せて、音源だけ聴き直した。ふしぎなほど明瞭に、大人と子供のタッチは違った。大人は音を間違えると敏感に反応し、何とか正しい音を探り当て、修正してから次へ向かおうとする。飲み込めてくるとテンポアップし、なるべくさっさと先へ進みたがる。しかし子供は、間違った音を出しても、それが間違いか否かに気づかずにただ真っ直ぐに進む。違うんだよ、その音は、と誰かが教えてやらないと、一生気づかないかのように。タッチはほやほやとしてやわらかく、テンポも全く速くならない。何と言うことはない、たどたどしい演奏だ。なのに、なぜか子供の顔と細い指が目に浮かび、じんとする。私たちは、当時中学一年生の武田《たけだ》あおいちゃんという女の子に白羽の矢を立てた。この曲を半年間練習してもらって、上手になった時にエンドロール用にもう一度録音させてもらえるかな、とお願いした。あおいちゃんは、突然降り掛かったミッションに、何が何だか分からないような顔をしていた。

中西俊博さんとの作業はオープニング曲の作曲から始まった。俗物の主人公が妻の不在の夜を狙って自宅に招き寄せた愛人に、自慢のレコードを聴かせ、悦に入って御託を並べるシーンである。実在の曲をかけ、彼らが劇中でそのレコードジャケットを手に持って演技出来ればいちばん良いから、元々はこれもテナーサックス奏者のコールマン・ホーキンスのあだっぽいジャズや、一九三〇年代の荒削りなアルゼンチンタンゴの原盤などをと目論《もくろ》んだが、またしても使用料がお高くてNG。しかし中西さんはジャズバイオリンの神様ことステファン・グラッペリとも共演経験のある、多才なバイオリニストである。ステファン・グラッペリと言えば天才ギタリスト、ジャンゴ・ラインハルトとのタッグ。ジャンゴのようにリズムの強いギターと一緒に、本編の軸となるヘンデルの優美な曲調とは対極的な、毒気たっぷりの曲調を、とお願いした。オープニングは映画の顔。これは面白い映画かも、と観客を引き込む先制パンチが必要だ。

中西さんは、御齢《おんとし》六十歳で日本でも屈指のスペシャリストだが、見た目は白雪姫と一緒にいるこびとのようにチャーミングで（褒めてます）、大御所的な威圧感など微塵《みじん》もにおわせず、好奇心が強くて意欲的な人である。私の仕事場と目と鼻の先のところに、可愛らしい家具や珍しいバイオリンに囲まれたご自宅があり、私は足しげく通っては打ち合わせと演奏とを共に揉ませてもらった。ご本人のライブやCD音源を聴くかぎりでは、エレガントで晴れやかな演奏が多く、もしかしたら私がこの曲に求める暗くて荒っぽい音色は、中西さんの辞書にはないものなのかもしれないと思った。デモ音源を聴いたとき、センスのいいテクニカルな曲だと思ったが、もう一つ泥臭さに欠ける気がしてしまった。けれどそういうことを、自身の表現をすでに高く磨き上げ、広く世界に支持されて来たアーティストに対して突きつけて良いものか、私は迷った。武田あおいちゃんに「次はもう少し元気に弾いてみよう」と言うのとはわけが違う。

しかし中西さんは、ファーストテイクを終えると、きょろり、とディズニーキャラ顔負けの愛くるしいおめめでこちらを見て、「どう？」と訊いて来る。私は、「最高です！」と親指を突き立てそうになるのをぐっと堪《こら》えて、「気のせいかもしれませんが、少しテンポが遅いのかなという気がします」とか、「ありなのかどうかわかりませんが、ミストーンギリギリの汚い音みたいなものを挟めますか」「画《え》に合わせたら良いのかも知れないんですが、途中から低音域に入ってもらえればベターなのかも」と、てんこ盛りの前置きとともに絞り出すように言う。すると、あー、そうかもね！　オッケーもう一回やって良い？　と実に軽やかにテイク2。そして、ちゃんと別のテイク2を叩き出す。明らかに、変化している。エレガントもダーティも、中西さんは自在だった。実に飄々《ひょうひょう》と、私の想像をはるかに超えた域まで球を飛ばしている。ほんとうに言って良かった、と胸を撫《な》で下ろす。

仕事をやっていて思うのは、一度目と二度目とに、きちんと変化をつけた成果を出すのはとても難しいということだ。自分の中では変化をつけ、改良したつもりでも、他人が見るとどっちがどっちかわからない。脚本の四稿、五稿になって来ると必ずハマるドツボである。こねくり回したものよりも、一周回って初めのものがいちばん良かった、とはよくあること。その都度、あいつらのせいじゃっ！　とそれまで思い思いに意見してくれた人々を呪いそうになるものだが、加藤さんや中西さんの修正能力を見ると、やっぱりその後ろ盾になっているのは長い時間培った技術と経験なのかなと思えてしまう。加藤さんも中西さんも、とにかく耳が良い。音楽を聴く耳だけでなく、自分以外の人の言葉を聴く耳がすこぶる良いのだ。まず他者は自分ではないということをよく知っている。感覚も異なるし好みも違う。その「自分ではない」相手が、何を表現したくて、どんなことを望んでいるのか、それに対してじっと耳を傾けているときの二人の表情の中には、ふしぎなくらい「私《わたくし》」というものが無い。「私」が何者であろうが、相手の要求に沿って答えが出た時には、ちゃんと「私」からしか出ない音が出ているのだ。むしろ自分ではない誰かの言葉に導かれて泳いで行ったとき、どんな島にたどり着いた「私」を発見出来るのかを、ゆったりと楽しんでいるようにさえ見えた。

撮影は春、夏、秋、冬、と続き、二〇一四年の終わりに〈ちゃぷちゃぷローリーのテーマ〉（およびアニメの中の劇中音楽）に加藤さんに着手してもらってから二〇一六年の二月まで、一年強の時間をかけて音楽は作られて行った。こんな潤沢なスケジュールは異例なことだが、その間、私はありとあらゆるサンプル音源を伊藤さんに送り、伊藤さんは「いいっすねえ～」と満面の笑みでそれをキャッチしつつも、放り返して来た球はまたしても大きく外れてボール3！　みたいなことを繰り返していた。しかし私は、絶対にボール球には手を出さないことにした。後になって、心残りはあの人のせいだ、なんて思うようなことだけはしたくなかったからだ。人と人の感覚はズレる。仕事相手との感覚が初めから何も言わなくてもぴたりと合うのは素晴らしいことだけれど、それではいつまで経っても距離は縮まらないものだ。私のいちばん好きな音楽と伊藤さんのいちばん好きな音楽はきっと違うのだろうし、それゆえにこれでもかというほどの意見交換が深夜のメールで、打ち合わせで、重ねられた。「もういいんじゃね？」と私のほうが息があがるほど伊藤さんはしつこく、途轍もない情熱であった。加藤さんも中西さんも、ほぼ「生き仏」と言って良い人柄だったが、それでも私は二人に対して「違うね」と仏頂面で注文を付けられるようにはならなかった。夜を徹して作ってもらった曲に、注文を付けるのは辛い。一つの直しを要求するにも、的確な言葉も浮かばず、なぜそれをあえて言わねばならないのか考え込んでしまって、顔を上げられない時もあったが、そんな時は必ず「監督、つまりこういうことですか?」と伊藤さんが明るい声で助け舟を出してくれた。「世界のどこに出しても恥ずかしくない音を」をモットーに、どこまでも私の作品を信じて、その都度に自分の持っている最良のアイデアを出し、様々な人に頭を下げて人脈を駆使し、もう一滴の血も出ないのじゃないかと思うまで頑張ってくれた。広告の仕事と比較すれば、数十分の一、いや、人件費や経費を差し引けば、きっと殆ど無給に近い音楽費で仕事をしてもらったはずである。「映画をやる」ということは、こんなにも人にとって特別なことなんだろうか。私は、二十年間自分が生業にしてきた仕事の持つパワーの強さに対して、改めておののいた。

モアリズムの人たちには、最後に登場人物たちが集う小さなパーティ会場でかかるダンス音楽を特別に作ってもらった。相変わらずスタジオに集まるたびに喧々囂々《ごうごう》、一触即発のムード。何でこんなにも解らないかと天を仰いだタイミングで、アフリカンともラテンともつかない、ふしぎなほど幸福な曲があっという間に出来上がった。まるで天国のリズム。ありがとうモアリズム。

二〇一五年十二月、武田あおいちゃんの〈調子の良い鍛冶屋〉二回目の録音が行われた。グランドピアノに座るあおいちゃんは、緊張しながらも長い長いフルバージョンの曲を最後まで弾ききった。見違えるほどの上達だった。が、イエルク・デームスの超絶プレイのようにはいかない。易しいように見せかけて、この曲はひどく険しい山なのだ。「行け！　頑張れ！　行くんだ！」ミキシングルームで私と伊藤さんは拳を握り、並んで声を上げていた。あおいちゃんは間違っても、つっかえても、演奏を止《や》めなかった。可愛い赤ん坊のおしゃべりのようだった拙いメロディが、高く、高く、信じられないほど高いところにまで私たちを連れて行く。こんな眺めがあるだなんて。自分にも、他人にも、見切りさえつけなければ私たちはまたどこまでも行けるのかもしれない。

x＝主役

「ジェイ・ノベル」２０１７年１月号

助監督の頃、「映画監督になんかなりたくない」と思っていた。なぜならば監督は、俳優たちの相手をしなければならないからだ。私は俳優が苦手だった。スターも貧乏役者もみんな苦手。彼らはとにかく自分のことにしか興味がなく、社会性に欠け、かまってちゃんで、人からお膳立てされなければ何一つ自主的には動かないくせに裏方の苦労など想像もせず、誰にでも親友のふりをするのが得意で、どこに本音があるのだかさっぱり分からない。見栄えがするから知的にも思慮深げにも見えるが、話題はたいてい自分の話か支離滅裂かで、頭の中にあるのも自分の台詞と芝居だけ。作品のテーマ性や映画の未来のことなど、本当は真剣に考えたことも無いようなうわべばかりの人々だと思っていた。カメラの前に立って肉体をさらし、自分とは別人格の役柄を請け負う彼らには、我々には計り知れない重圧がかかっているのだ、恥をさらして傷ついているのだ、だから少しばかりおかしくもなるのだと上司たちから教えられても、なおさら分からなくなった。良くも悪くも、彼らは輪の中心に存在する以外に無い人たちだ。場は華やぎ、空気が引き締まり、何事かが起きる。そうでなくては困るのだけど、彼らが帰った後、私たちはやれやれとため息をつく。どんなに素敵な、どんなに気さくな、どんなに思いやりに満ちた俳優も、その場を去ればほっとされている。その頃にはもう私たちのエネルギーはすっかり吸い取られてしまっている。そんな俳優たちの相手を、たいていのスタッフは避けて通るが、監督ばかりは逃れられない。

しかし私は監督になった。顔を見るのさえ気が滅入《めい》るあの「俳優たち」と膝を突き合わせなければならない役職に就いてしまった。拷問だ。でも仕方が無い。それをしなければお払い箱だから。

以下は、『永い言い訳』という新作の主演俳優が、私たちの事務所で最初の顔合わせをした後に、「お疲れさまでした」というメールを出したプロデューサーのK氏あてにロンドンの自宅から送って返したメールである。

＊

2014/04/30　9:19

こちらこそ、半ば無理矢理の訪問に対応していただき、ありがとうございました。お二人を前に、何か未知への出会いの予感に胸が鳴る気がしたようです。今回の作品の件、本人的には8割方、決め！　のつもりではありますが、やはり、揺れる想い（プチ、ネガティヴ）が残っています、、。

いつだったか、樹木《きき》さんに、「仕事を選ぶ」より「役を選んで（に出会って）」楽しめるといいわよね〜というような事をいわれたことがありますが、、、お話を頂いた時点、西川監督（女性、新鮮）、永い言い訳（含み深き良きタイトル）、多少下世話なシーンあり（意外性、賭け）、なあ〜んて感じで、仕事の選択として面白いのでは、と、気持ちを寄せていこうとしたのは事実、、。そして、憐《あわ》れな自意識というフレーズにシンパシーを感じる、、を軸に物語を追い、周りの人の解釈を取り入れ、それなりに理解に近づきました、で、ようやく、与えられた役を心前に置き、感じ考えてみる、、、

勿論、演じる際に、全て共感しておく必要などないことはわかっています。むしろ多少の矛盾を残したほうが、役の（作品の）出来映えに、良い意味のはみだしが

生まれるであろうと思います。（成功したこともありませんが、苦笑）が、しかし、自分と向き合えない愚かで憐れな自意識持ちで意固地な男のささやかな気づき？らしき話だとして、自分が演じるにあたり、自らの支えとして、ある期待を抱えたいのです、（ハァ～？　本木ィ～何が言いたい？）半端にインテリぶって普通に女好きなら、※●●●●氏のほうが匂わすものがあるでしょう（※実在の現役俳優）。あえて本木にする意味は？　意外性だけではない、期待され、納得させるものは何《ど》所《こ》？　設定というより、物語の中、後半に於《お》いて、成る程、これがあるから本木にしたのかと、不思議と納得のいく何か、その～、例えば、西川さんの言う、妻の死に対してシンプルな思い（感情）で泣く、に至る？　繫《つな》がる？　啓示となった？ある決定的な（鑑賞後の印象として明確な）出来事か、プロセスか、そう感じ取れるシーンか、が欲しいのです。単に言えば演じる上での（同時に観る者に与える）山場が欲しいという事でしょうか、（でも、よりわかり易《やす》くということではありません）勿論、既に（感じ方によっては）あるといえば在る！　のですが、※大宮陽《おおみやよう》一《いち》と真平（※主人公と関わる父子）の藻掻《もが》きを通して、※幸夫《さちお》（※主人公。衣笠《きぬがさ》幸夫）も自分と向きあったといえますが、流れ上、受け身の中でという感が強く、それが自然ではあり、変われないその中での微妙な変化、進歩、を感じさせたいということ？　なのでしょうが、時に自発的な幸夫オリジナルの藻掻き？　orそこから一歩、抜ける瞬間？　or気づきを捉えた、といえる魔法のようなシーン？　がほしい（そう感じさせる画があればそれでいい、という意味ですが）、、大宮父子にはその抑揚があるけれど、幸夫の本心、本性、変化は捉えにくい、、、父子を送り出し、ひとり振り返らず歩き出したあと？　真平に吹いた風のように、例えば、一人田舎の駅でほうとうをすする時？　ある光に包まれるとかなんとか、、、それら、他、さりげないシーンの中で、ぐうっと、瞬間、印象のスケールが劇的に拡《ひろ》がるなにか、行動、佇まい、つぶやき、どれでも良いのだけれど、そして、それが本木に演らせた理由だということに繋がると有り難い（そこに向かって、自信を持って苦しんで、演じられる）と、、、、（あ～、この説明じゃ伝わらないっスね）

随分、回りくどい言い方になりましたが、重ねてうちの事務所の女社長曰く、「とてもリアルだけれど、浮気も知らない本木くんに、愚かな男の普通さ、ダメさがハマるかしら」と、、「もう一息、あえて本木くんがやる意味を感じたいわ」と、、いえ、いえ、男、男と考えずに、誰もが持つ人間の不器用さと思えば、十分あてはまります、などと勝手な理想のひとつですが、、まっ、お芝居は、どれも虚構への挑戦と承知の上でも、懸命に役を生きようとも、持っているものの反映でしょうから、極端にいえば、脚本を土台に自分で図々しく詰めたり、引いたり決着していけばいいのでしょうが、最終的に良き予定不調和に自分でも驚き歓《よろこ》びたいので、ある程度は納得してから、道をはずせればな〜、と思っています（やはり、意味不明ですね）。いつもこんなに慎重なわけではありませんが、、この作品をやるとすれば、50代スタートの記念すべき一本になるタイミングなので、気負っているのかもしれません、。だからこそ、気負わず、緩めず取り組めれば、何か伸び悩みの突破口になるかもしれません、。

こんな、生産性のあるような、ないような呟《つぶや》きを、プロデューサーに送るのは、何ゆえ？？？　自分でもわかりません、いえわかっています、自分の覚悟が浅いのです、どこか自分に対しても不安があるのでしょう、、すみません、、いや、Kさんに責任持って本気で口説いてほしい！　のが、本音かな!?　あっ、、すみません、、（本当に意味不明でしょ！）、、、、、、、、こんな風に書いておきながら？？？　ですが、、、、

西川さんの脚本に期待しています。どうぞ頑固に深化させてください。

何か短く、と思っていたのにこれだもの、、と、いいつつ、送ってしまいますが、夜中に見てしまった2ちゃんねるだと思って処理してください、、（こちらは真夜中、

時差ぼけ中）。

失礼致しました。／本木

＊

これを受け取った私とK氏は、顔を見合わせた。

「破壊的なレベルだ」

「ですね」

「つき合って行くのか、この人と」

「そうするしかないでしょう」

「頭が痛い」

「そう仰らずに」

K氏と私は、ともかくメールを返した。

＊

2014/04/30　15:29

メールありがとうございました。

いただいた内容、せっかくなので西川と共有させていただきました。

で、はじめ私宛に彼女もメールを書いてくれたのですが、内容的に本木さんにお読みいただいた方が良いと感じましたので、ほぼ、そのまま以下に転載いたします。

長文です。

※●●さんね。気軽にお願い出来ると思います。（※前述の俳優の名）●●さんは恐らく、ご自身の中にも在った高い自意識やナルシシズムみたいなものを、いろんな役を受けながらとうに捨て去られているのではないかと推測します。むしろ物語の後半の方がご本人の素に近く、前半は過去を顧みながらの「お芝居」になるでしょう。――とこんな感じに、まるで天気予報のようにどうなるかの憶測がつくのです。私が鋭いわけじゃなく、世間も皆そうだと思います。

私はこのホンを書くのに、みっちり生活を人生を賭して来た一年半を、先がどうなるかの見通しのつく世界に丸めるようなことをしたくないんです。

本木さんという名前が出て来たとき、ぴったりだと思うと同時に、怖いと感じました。本木さんの存在は、日本に住むほとんどの人がよく知っているけれど、それはもうほぼ「完成品」のような顔をしていて、おおよその人たちは、すでに手を加える余地がないもののように感じていますし、本人もそうされることを望んでは居ない感じがします。そこにあえて突っ込んで行くべきなのか？　何かあえての変化など、本人が望むことなのだろうか？　と。

そもそも映画の撮影行為が、一人の俳優の性質や価値観を本当に変質させうるか。私はそういう神話には普段どちらかというと懐疑的です。演じる俳優が、登場人物と同じ感情や体験を持たなければその役を演じられないとは、そもそも思っておりません。

しかし今回に限っては、本木さんには何かしら掴んで、これまでにない感覚を得てもらわない限り、この映画は駄目なものになるだろうなという気もしています。そういう俳優の不安や変化は、必ずフィルムに映ります。映してはならない作風のものも在るけれど、私達は今回それを撮るでしょう。「変化」というのも、この作品に含まれる大きなテーマの一つだからです。

多くの人間がもうアンタッチャブルな「完成品」と認識しつつある本木雅弘にそ

の先が在るのか。無いのか。今やその「不確定要素」というところが、本木さんに期待する最大のポイントかもしれません。

ですから「手のうちでうまいことやります」と思ってもらいたくないし、本木さんが多少とも不安に思ってくれていることこそが、今や私達にとって何よりもの好機、これを逃してはならないと思っています。ですから、妙なレトリックのようではありますが、「本木雅弘が不安がっている。それが本木雅弘にやらせる理由である」というところが、現段階の我々の感触だと思います。


本木雅弘は、変われるのか、変われないのか、私の側からすれば、変わらせることが出来るのか。

今回お会いしてみて、そこは自分もきちんと請け負わなくてはならないことなのかなとは覚悟しつつ在ります。そして本木さんには、大変苦しいことかもしれませんが、自らの抱えておられる当惑や不安や、うまくいくんかしら、という思いを、無理に整えたり封じ込めないでおくぞという気持ちだけは持っておいてください。

盗み撮りをするつもりは在りませんが、私達は、それを狙っています。……ということだけは共犯関係に在る者としてお伝えしておきます。私が本木さんに要求する覚悟があるとすれば、そのポイントだけです。

山場となるのが、シーンなのか、台詞なのか、カットなのか、撮影体験なのか、私もまだ良く分かりません。が、自分という業深い存在に、自分が最も傷つけられて行く幸夫のプロセスは、しっかり撮って行きたいと思っています。

彼を動かしたり、彼を変えて行くのは、物語の上ではほんの些細《ささい》なことの積み重ねだと思います。別に歴史的な発見をして、彼が進化するわけではないですが、他者との小さな別れや、絶望や、ひとの気持ちに触れながら、壊死《えし》したような心が息を吹き返す瞬間をとらえて行きたいんです。

私は自分自身もどうしようもない人間で、さんざん絶望してますが、それでも他人にも、自分にも、まだ期待をしてしまうんです。本木さんにも（笑）。

私もこれが五本目です。爆弾を抱えないと楽しめないし、私にとって映画を作ることはいまだに分不相応な気がしてとても辛いことなので、どのみちそういうものを抱えるならば、これまで自分がやってないことや、人がやりそうにないことをやらなくては、虚《むな》しいんです。

長々ととりとめも無くなりました。ご参考にして頂ければと思います。／西川美和本木さんとはじめてお電話して、この間お会いして、そしてメールをいただいて、大きくは3回のやりとりということになりますけど、私なんぞのようにある意味「どこの馬の骨とも」という感じの者に対しても、ストレートに色々とお話しいただいて、あーこの人はずいぶんと我々の表に出せないものを出してくれる存在なのではないかと改めて感じたんです。つまり、この人ならいろんなややこしいものをややこしいままに、そのままに表現していただけるのではないかと。

所詮我々は、本や映画を通してでしか自分たちを出せない人間ですし、まして自分自身の肉体をもってではなく役者たちの身体を借りてでしか表現出来ないという矮小《わいしょう》な存在なのですから。自分で自分のことを抱きしめたいと願っていながら、そうはできないから役者に演じてもらって、それを抱きしめたいのです。

あまりストレートに口説いたこともないので、ちょっと回りくどいと感じられるかも知れませんが（苦笑）、こんな地味で意地悪な、気の触れたような、そして「我々のような」やっかいな物語を一緒に共犯できるのは本木さんだけだと思っています。

そして、たどり着くべき結末が用意してある映画で、終わったあとに、まるで人生のように途方に暮れるような、そんな映画をつくりたいと願っています。

そんなことで。あとにつけた私の文章は蛇足と思っていただいて。何かありましたらいつでもご連絡下さい。どうぞよろしくお願いいたします。／K

＊

ほどなく、今度は短い返信が来た。ロンドンより。

＊

2014/04/30　18:16
了解しました。おそらく覚悟していくことになるでしょう、、この先、心の乱れも捨てずに大事に留めておきますね。／本木

＊

初めの文中では、「もっと激しく求めてよ！　じゃないとわたし――」とさんざ

んじらしたそぶりの本木氏であったが、こうして存外にあっけなくこちらの意図を汲み、華やかなキャリアとは到底釣り合わぬ、あずま屋のごとき簡素な仕立ての私たちの映画に、しずしずと嫁入りしてくれたのであった。

とは言え、いったん腹をくくった後は一つの弱音も吐かない武家の娘のような人ではない。草履一つ選ぶのでも、足を入れたり出したり、考えて、履いてみて、歩いてみて、また脱いで、ここがちょっと、あそこがちょっと、とつべこべつべこべ――しかしはたと周りを見回すと、じいややばあやが困り果てているのに気づいてあわてて「ううん、これが良い、良いと思う」と言って草履に足を突っ込み、「たらら～」とつま先立ちで踊ってみせる。ようやく周りが笑ってくれたのを見て自分も浮かばれて、しかしその晩閨《ねや》に戻った後、ほんとうはあの草履ではなかった気がするけれど――とひとり夜具にくるまりくよくよ悩む。空が白むまで。そんな可憐《かれん》で孤独なお公家のような御仁であった。

私は今回の映画の詳しい設計図をこしらえるべく、脚本に先んじて小説を書いてみたのだが、その時点では主人公の作家を本木氏で、とは発想していなかった。私にとって物語の執筆は、脱稿まで何年かかるか予測もつかない作業だから、あらかじめ特定の俳優と約束をしておくことは難しい。だからどんな作品も、いちばん初めは誰の顔も思い浮かべずに構想することにして来たのである。でもだからこそ、小説のイメージは何ものからも自由だ。「青磁のような肌」と書けば、五十歳の人物でも読み手の頭の中でその通りになる。しかしこれを映画の脚本に書くと、さあどうするどうする、撮影部、照明部、メイク部、CG部、キャスティング部が一気にざわつき始める。「オメガの時計」と書けば小道具さんがささっと駆け寄って来て、「監督、どのくらいのサイズで撮りますか。ヨリはありますか。主人公のバッグの方はヴィトンのホンモノを頑張って調達しますから、オメガはバッタもんで行かせてもらえませんか」という相談が始まる。

映画は、現実的な具体の集合体だ。端的に言えば、映画づくりが始まった瞬間に、作者の頭に初めに浮かんだイメージは「転化」され始める。シナリオにどのような理想型を書いたところで、シナリオ通りには決してならない。こんなはずでは、と思うことも数限りない。しかしもう私はそれを「妥協」とか「失望」と捉えたくなかった。自分だけの理想型を貫きたいなら我慢せず、ひとりで他のフィールドで。映画ははなから別物として、自らのイメージを他人に塗り替えてもらうものとして。と発想したわけだ。これはもう、一人暮らしの良さと、家族で暮らす良さが異なるようなものである。小説の主人公は私自身や私の親しくして来た人々に近い人間像であり、本木雅弘ではない。だから小説を本木氏に読ませても意味は無いと考えていた。いかなる技術でそっちに寄せてくれたところで、ズレは生じる。物まねもいやだ。小説がこれから撮る映画にとっての正解だと思わずに、本木氏は本木氏の個性によって、私の頭だけが考え出した主人公を超えて来てもらいたいと思っていたのだ。そしてそれが出来る俳優だと期待していた。

俳優の中には、「演じる役のシナリオ外のバックボーンや、細かな性格設定などの知識をなるべくたくさんインプットしておきたい人」と、「そんな手がかりは全くなくても平気で演じる（もしくは自分でイメージしたい）人」と、「本当は必要ないのだけれど頑張って用意して来た監督のために一応必要なふりをしてくれる人」と、三種類居る気がしている。中でも場数を踏んだ主演格の俳優の多くは「見栄っ張り」「二枚目気質」「勝負師」でもあるため、こちらがそういうサブテキストはあえて読まないでおいてくれ、とお願いした場合、「わかりました」と、腹に響くバリトンボイスで返事してお終いになるのではないか。仮にこっそり陰で読んだとしても、決してそのことを監督には知られまいとするものではないか。しかし本木氏からやって来たメールは以下。

＊

今回、考え過ぎずに揺られてみようと目論んではいますが、それ故、自分の中での狙いが曖昧なままにて、実自身と幸夫との距離がうまくとれていません、(それで良いのですがね)

西川さん的に望まぬ！　とのこと承知しておりますが、オリジナル小説の方も読ませて頂けないでしょうか？

幸夫になるための栄養がほし～いのです。ざっと浴びて何か纏《まと》えればという程度に、、、

映画として、同調するところ、敢《あ》えて変えてみるところも見えるかも知れんし、、、縛られる～とか混乱する～とかむしろ歓迎なのですが。。。(かえって余白に漂うものが豊かになるかも)どーせ不器用ですから、芝居が大きく変化は致しません！(想像以上に引き出し少ないですから)

みッ、見せて～～～～～～～

どうでしょう、、　か？？？／本木

追）今更の前フリですが、パソコンのキー、ブラインドタッチ出来ません。憶えたての老人並みに遅いです。つまり、芝居で画面入れこみでは成立しません。ダミーの手元か、ＣＧで画面入れ替えが必要になります。あしからず。。。

＊

私とＫ氏はまたしても顔を見合わせた。

「ブラインドタッチ出来ないのにあんな長文メールを？」

「きっと人差し指で打ってるんですよ。長時間かけて」

「んなことやってるから考えすぎちゃうんだよ！　竹原《たけはら》（ピストル）さんはトラック運転手の役やるためにレコーディングの合間にひとりで中型免許取りに通ってるし、深津《ふかつ》（絵里《えり》）さんは舞台のパリ公演の最中もホテルで美容師の鋏《はさみ》握って自主トレしてるし、山田《やまだ》（真歩《まほ》）さんは吃音《きつおん》協会の人と何度も会って、他の現場でも吃《ども》っちゃうほど練習重ねてるんだよ！　四の五の考えてる暇なんかないよ」

「主役のプレッシャーはまた別なんですよ。とりあえず小説送ってあげてみましょうよ」

「何がCGだよ。ブラインドタッチは頑張ってもらうよ」

「はいはいそう伝えますから」

かくして小説のゲラは海を渡って大英帝国に飛んだ。


そしてその後も他のキャスティングが決まったり、スタッフが決まったりするごとに私たちはメールを送り、本木氏からも、衣装合わせや本読みやらが終わるごとに、底なし沼のような不安と不満、期待と反省とが複雑に絡まった、長い長い便りがやって来ていた。

＊

2014/07/03 12:56
【竹原ピストル氏、池松壮亮《いけまつそうすけ》氏の出演が決定した報告を受けて】
竹原さん、素敵な風貌ですね。一見荒削りそうで、実は高純度、過剰な優しさも狂気も備えていそう。もう太刀打《たちう》ちできません。きっとすっかり持っていかれてしまうでしょう！　つまりこちら（本木いう人間）のセコさと偽物度が自然と、いやぅ、

嫌というほど強調されて、私の卑屈さは否応なしに漂うでしょう、、皆さんには嬉しいことですね。（中略）

池松さんも魅力的ですね。美しさと奇妙な小動物感があり惹《ひ》きつけられます。何かの予告でひと言セリフをポソッと、、というのを観ました、、うまいな〜すべてのチュウニングが良いぞ!!　と、、。つまり、この方にも喰《く》われてしまうであろうワタシ、、、

2015/02/04　19:09

【幸夫のマネージャー役の池松氏との脚本読み合わせ後】

昨日は失礼しました。本人的にも悲惨でした。話の殆んどが余計なこと。もっともっと大事な議論をするべきでした。徐々にのしかかる不安に呑まれているばかりの自分をゴマ化していたのです。（中略）唯一の良かった点は、池松氏が、私を前に「何だこの人、案外チャラくて、女々しいんだな」と、本木の中途半端な自意識を目の当たりにし、こんな男にはならんでおこうと、感じたであろう事で、リアル自然に※岸本《きしもと》（※主人公のマネージャーの役名）の役づくりに加担出来たかも!?　というくらいでしょうか??　ゆうべからずっと女々しく滅入っています。／本木幸子

【2015/02/05　19:22　一回目の衣装合わせ後。春篇のみで七時間半かかった】

本日も長々とお付き合い頂きましてありがとうございました。足りないものはありますが、アウトラインは見えてきてプチ安心。何もあんなに時間をかけなくたってという皆さんの本音が内心響いていましたが、聞こえぬふりしてゴメンナサイ。ではまたご連絡します。(どのボヤキも監督と共有しても構いません。むしろ慣れてほしい)なんてヒマないか？　あ〜〜またくだらないことを書いている、、、、、、／幸薄夫

【2015/02/07　20:31　クランクイン前の各種打ち合わせを終え、ロンドン宅に帰着後】

自然体で挑めれば、なんて、ありきたりに自分を整えようとしていますが、不安、不安、(いつもの事やけど)(でも自分の狙いも見つけたい)不器用なくせに貪欲、、、(いつもの事やけど)ここはどーか西川親分にうまいこと、くすぐられ、えぐられ、チクリチクリとコントロールされ、心の渇きと温《ぬく》もりを引き出してもらえますよう期待しております、、、。／ちっこい男代表 モトキマサヒロ

2015/03/13　7:12

【ロンドンから、CM撮影の旅への出発直前】

昨日、妻は友人とマチネの芝居を観にシアターへ、、私は子供を学校でピックアップし公園へ、突然ケイタイが鳴り、妻が、今スゴイ人と会っちゃった替わるねと言い、電話口に出たのは※衣笠夏子《なつこ》様でした！（※主人公の妻の役名。深津絵里さん）野田秀樹《のだひでき》さんのパリ公演の後、ロンドンに来て芝居のハシゴ鑑賞なのだそう、、それにしても本妻の一つ挟んでお隣さん、、。ジワリジワリとご縁が迫って来たようです。（中略）つうかブラインドタッチは難関！　目眩な思いで、ブエノスアイレスに出発！！！／衣笠クラクラ幸夫

2015/03/14　23:53

【「タイピングのうまい人だってミスタッチはありますからあんまり気負ってもらわなくても大丈夫」というメールに対して、ブエノスアイレスより】

オラ！　諸々《もろもろ》、お気遣い頂きまして　グラシアス!!

この地球の裏側での撮影を終え、ロンドンで息子のバースデーパーティを無事成功

させればようやく幸夫と正面から向き合えます。あともう少し、皆さんもご無事で!!
アディオス－－!!／遥々幸夫

2015/03/22 22:26
【妻役の深津氏との脚本読み合わせ前日】
もう逃げられん、と思うと妙な焦りで吐きそうです。おそらく、深津様は舞台前で研ぎ澄まされていらっしゃるでしょう、、、私といえば、私用で神経ばかりを消耗し、整う間もなく、ナマったるい肉体を引きずっての登場になりそうです。。が、これから繰り拡げられる映画撮影という魔物（監督含む）に翻弄される覚悟（諦めともいう）に似た情熱はクックッと温まりつつあります（エッ? 全然、意味不明? 確かに）。幸夫と実自意識の狭間をモガキマス! 結局、監督様の良き奴隷と化すことに努めます! のつもりが、タッチタイピング 45点（22日現在）／スレーブス幸夫

＊

初めて出会ってから十一ヶ月後に私たちはクランクインを迎えた。本木氏は自宅

での自主トレ虚しくブラインドタッチには不安を抱えたままだったが、私が「出来れば読まないでほしい」と言ったはずの原案小説の文章はほぼ完璧に暗記していて、迷惑顔の私の目の前で、何度も何度も得意げに暗唱して聴かせたりしていた。その日演じるシーンの台詞はまだちゃんと覚えていなかったが。映画というものを一つの大きな荷車に喩《たと》えるならば、私たちを乗せた本木号は、ほんの一メートル、いや五十センチ前進するにもどこかがガタピシ言った。ガタピシは言っている、それは私にも聞こえてる。だけどいいんだ、このきしみがこの荷車の特性なんだ、味わいなんだ、気にせず走れ！　ゴーゴーゴー！　と言っても止まってしまう。

「ちょっと！　何で止まるんですか」

「だって、だってあそこがあれで、ここもこれで……ううん、そうよね、ごめんなさい」

「はい大丈夫！　もう出発！」

「あ、はい」

そんなことを繰り返しながら、舗装もされていない道を私たちは、ぎくしゃくと進んだ。

ぬかるみにはまり続けた足元は常に汚れ、ゴールはいつになっても見えて来なかったけれど、おべべをたくし上げて荷車を引っ張る姫の周りには常に笑いが絶えなかった。私が朝現場につくと、姫が支度部屋でこぼした愚痴や見せた奇行をすぐに誰かが耳打ちして報告してくる。耳打ちしながら、みんな体を寄せ合ってけたけた笑っている。じいやもばあやも、姫が可愛くて仕方が無いのだ。「皆さんすみません！　本木さん本日も十五分遅れです」と時間の無い朝の現場に助監督が伝えても、「まったく～う」と孫の粗相のごとく笑ってもらえる五十歳のおじさん俳優が他に居るだろうか。なんてったって、アイドル！

しかし本木氏には、何人にも侵されない、何人にも追いつけない特殊な風格があった。五歳児の子役が機嫌を損ね、手がつけられないレベルでぐずっても、七十五歳児のカメラマンがパニックに陥って、手がつけられないレベルで現場が混乱しても、涼しい顔ですっくと背を伸ばしてそこに居続けた。かと言ってこの窮状を我こそが、と息巻いている風でもなく、ただ平気のへっちゃらなのである。

春の花見の場面、公園の湖面を桜の花筏《はないかだ》にしてみたいと私が言ったので、美術スタッフが掻き集めて来た大量の花びらを撒《ま》こうと四艘の手漕《てこ》ぎボートでギコギコ漕ぎ出して、「あそこが薄い」「そこはもういいんだよっ」「流されてる！」「いいから撒けバカ！」などと怒声を浴びせ合っている間、本木氏は湖の真ん中にたよりなく浮かんだスワンボートの上でたったひとり、貴人のごとく取り澄ました面持ちで波に揺られていた。いったいあの罵詈雑言《ばりぞうごん》の響く中、どんなことを考えているんだろう？　また小学六年生の新人俳優が、塾帰りに乗り過ごしたバスの中で涙をこぼす場面に挑戦した夜は、冷たい雨の降る表でいつまでも待ち続け、1テイク終わるごとに「えらいよ、すごいよ」とセコンドのように励ましていた。リップサービスではない。十一歳の少年が泣き真似をしてみせるでもなく、真っ向から役を被ろうとしていることに、本気で感心しているのだ。現場が沸騰した時は、五歳の玉ちゃんを外に連れ出し、凧揚《たこあ》げをやり、オセロの相手をし、初めての子育てに下手な理屈をねじ通そうとして陥穽《かんせい》にはまる私の代わりに、「じゃあさじゃあさ、※あーちゃん（※玉ちゃんの役名）、こうしてみたら？」とベテラン保育士なみのナイスパスを通してくれる。玉ちゃんは、私のことは「よくは分からないが、とにかく言うことを聞かなければならない司令官」だと思っていたが、本木氏のことは「やさしくてかっこいい、おたすけマン」だと思ってくれていただろう。幸夫という作家は、母を失くしたあーちゃんにとってその通りの役柄だった。素晴らしかった。

自分自身のマイナス要素にはどうなだめても悩み続けるのに、人の落ち度や時の不運に関してはどこまでも寛容だった。ひょっとするとこれも屈折した自己愛の行き着いた場所なのか、つまりは他人の失敗なんて「どーでもいー」のかもしれない。しかしその「どーでもいー」に、私たちはたびたび救われていた。人が強くないことなど、屁とも思わない。わたしよりはマシじゃない？　とどこか本気で思っている。それが優しさとも本人は思ってはいないだろうが、周囲は慰められている。すべてを許しているとも言うし、底抜けに諦めているとも言うのであろう。他人にさほどの期待もしていないし、世界には常に厚い雲がたれ込め、思うがままに行かないものと知っているから。でも思うままに行かない世界に、もしすこしだけ光が差し込むのなら、我もそれを見てみたいぞよ。でもどうせ差し込むのなら、七色の、いや八色の光でなければ、見たくはないぞよ。そんなものが無いことも、もう知ってるのだけど——などとうそぶきながら、ときに雲間から差し込む何ということもない薄日を見て、姫はきゃっと晴れやかな歓声を上げたりもするのである。それが虚なのか実なのかは、もう私にも分からない。しかしその限りなく手のかかる一喜一憂があったからこそ、私たちは、自分がここに居てあげなくてはだめだ、いや、ここに居て良いのだ、と日々思うことが出来たのである。人間は案外、自分でくよくよ思っているよりも、他人からは求められていたりもするものだ。私たちの荷車もまた、本木氏でなければだめだったのだ。それはこの、長い長い、言い訳と、不安と、覚悟と、友愛と、共鳴に満ちたメールを見れば明らかだろう。

＊

2015/05/04　1:07
【春篇クランクアップ後の打ち上げ翌日】

ふと、現場を思い起こせば、監督の納得度にココロを向けている皆の姿が浮かびます。オッケーを宣言する前のほんの静けさに監督への信頼と期待が漂っています。

ほんのり美しい光景です。。。

ああ〜〜でもまだ道半ば、、この先、それなりに難関の感あり、、んぐんぐんぐ、、、夏と冬と、、季節を跨《また》ぐって重量感あるよね〜〜沁みるよね〜〜（中略）
※何にせよ、生きているうちの努力が肝心だ！！！（※原案小説中にある主人公の言葉）
もっと素直に感謝の弁を綴《つづ》ろうと思ったのに、こんなことに、、（苦っ）／捻《ねじ》れ幸子

2015/06/15　14:12
【小説が直木賞候補になる】
すっスゲ〜と心で叫びながら皆様と同様に慶《よろこ》びをかみしめておりました。と同時に人々の羨望と妬《ねた》みで幸運が逃げてしまわぬように、けっ謙虚に謙虚に生きてま〜す、と、意味不明にバランスをとろうとお節介な思いも空に送っていました。（なんのこっちゃ？①）
既に十分オメデタイことで御座います。これで、冠付いても付かずとも、映画の善し悪しは注目されることとなるでしょう、、それを思うと、湖畔で血迷った幸夫の叫びに凍り戸惑った※岸本の肛門のようにすぼまった唇（※原案小説中にある表現）のような不安がよぎるけれど、もうそれはそれとしてない交ぜパワーで芝居に活《い》かせるように努力いたします。（なんのこっちゃ？②）
ロングエクスキューズとなりましたが、おめでとーーーございます！！！／衣笠幸願う男
2015/07/16　19:44
【小説が直木賞落選する】

(-_^)畜生!!（暴言中略）皆、妬《や》いてんだ！　監督の才に華に！　とりあえず、解放
オメデトウゴザイマスとお伝えくださいね。。。

2015/08/08　17:23
【件名：昨夜ね】
※和生《かずお》さん（※竹原ピストル氏の本名）のライブに行って来た！　和生さんの全身から滴り落ちる汗がこの淀《よど》んだココロを洗い流してくれるようでさ〜〜全く、いいもの紹介してもらっちゃったな〜〜（中略）
眉間にシワのその男
　スバラシイものを観ると
落ち込む癖《へき》がある、、
嬉し申し訳なくて哀しいくらいに幸せになる、、、　／衣笠ピストル

2015/08/20　0:30
【映画製作発表後】
いよいよ情報解禁され、逃げられん事となりました。良い意味で。

よく、安定期に入るまで妊娠の発表を待ってあるじゃない、でもって世間に公表すると、胎児も存在を認められたのが嬉しいらしく、腹蹴りしてはしゃぐのよね、ホントに。。後は覚悟して、でも慎重に臨月なる冬篇を乗り切って、五体満足に世に送り出してあげましょう。。。（中略）

てか、私は、これから公開の映画のプロモーションが本格化中で、気忙《きぜわ》しさに気絶しそうです。もういちいち何処かで自分を煽ってもっともらしく振舞い、適度におどけて、こなしていく時間が、はがゆく、幸夫は自覚が薄いらしいが、私はつくづく虚業を重ね着する自分の薄らセコさに人知れず傷ついているのです。／天空の幸夫

2015/09/02　12:54
【夏篇編集終了後、「冬までに少し体重を落とせませんか」と打診した後】

ヤバ〜〜

というか元々の太さが薄着になって隠れなかったということです。

原作のイメージもホントは細めですもんね、（嗚呼《ああ》〜〜最初から痩せときゃよかったね今思えば）その辺、我ながら、幸夫らしからんとの自覚も薄《う》っすらあったのに、、、トホホ、、、（中略）監督のお叱り聞かせてください。時々でも叱咤《しった》、洗脳し

てもらわんと、平気でユルんでいく可能性ありですので。。。／衣笠ファット幸夫

2015/11/26　19:19

【報知映画賞助演男優賞の壇上の本木氏を見たK氏が「痩せましたね！」とメール】

今のところ、6キロ強減ってサイズも落ちているのですが、横っ腹等、カタチ的には変化を感じにくいのが現状です。（中略）やっぱ、8から10キロ無くさんと、人目に「オヨヨ(O_O)」とはならんのかも、、、という訳で、※更地の少年オーダーの件は、期待を極小に留めて頂けますように、、、

でも、本人的には、風に煽られたら舞い浮きそうな気配なのだけど、、、幸夫の空虚な彷徨《さまよ》い、そして新たな感覚に導かれていくような感情は心身にしたためられてきています。

真のデトックスは撮影にて！／衣着ぬ幸夫(O_O)

（※筆者からのメールに「冬篇に関しては、何かが削《そ》げ落ち、失うことで何かがデトックスされた、脂の乗った中年から、更地に立った少年に戻ったような幸夫をイメージしております」とあったことから）

【冬篇クランクアップ間近にして、脚本を二転三転させていることについて】2015/12/20 23:32

監督が火加減を見て煮詰め、頃合いを見て火を止め、自分的味を馴染ませるのは当然の事です。。。。。

理想の余韻に近づけるよう、拘《こだわ》って拘って現場を支配してください。。。。。。

完全も完璧もあり得るものではないけれど、西川さんに少しでも納得してもらえることが役者としての悦《よろこ》びです。。。。。

叩かれても差し出せるものが無いけれど、監督の思いに寄り添いまみれた共犯者になりたいと常に願っている私です。。。。／あなたの幸夫

【全編クランクアップ後、明け方まで続いた打ち上げ翌日】2015/12/30 16:30

昨夜（今朝）は、調子に乗って、くだらない話をタラタラと失礼致しました、、時間を見てビックリ！、、「あ〜皆早く終わらせたかったろうに、あ〜、オレのこの全く生産性のない会話のセンス、変わらね〜な〜、あぁ〜変われない自分、、」キュ〜っと身が縮む思いで夜道を戻りました、、

いろいろエクスキューズだらけの私ですが、今回の作品では貴重な訓練が出来たと思います。魂の芝居は出来きれなかったけれど、カントクのお陰で、幸夫の命に何とかしがみつき、ギリギリの呼吸は保つことが出来ました、、（カントクが生んだ幸夫なのだから当然ではありますが、、）（中略）

ありがとうございました。

そして、本当にお疲れ様でした。

どうぞ、西川さんらしく落ち着いて、納得のいく編集を行ってください、、期待しています。

でもでもひとまずは気を緩め、身を休めてくださいね、、。アフレコ頑張りま～～す！

では良いお年をお迎えください／終わりなき幸夫(-_^)

2016/09/19　3：19

【トロント映画祭での上映の反応に対して。ロンドンより】

詳細なレポートをいただいたのにもかかわらず返信が遅れてスミマセン。役者への先入観もないし、子供の無謀な無垢さには誰しもくすぐられるものがあるんですね。

様々な反応を吸い込んで、映画そのものが自立していくって感じで面白いなあ〜。そのうち、もっと深掘りしてより良くも悪くも書いてくれるクリティックを見てみたいですね。他人が発見してくれる魅力って嬉しいから、映画もどんどん人目に触れて磨かれるがいいと思います。(批判だって含めてありがたい、、負けずに永〜い言い訳してやりましょう)

なんて勝手に偉そうなこと言ってしまいましたが、監督が丁寧に差し出したものに興味を持ったり、愛着を持ってくれる人が増えていくことは役者にとってもシアワセなことです。／若干小心密かに貪欲幸夫クン

2016/11/14 01:36

【公開一月後。ロンドンより】

おそらくまだまだ気忙しいであろう中お便り戴《いただ》き恐縮です。

時々、バッサリの評も見かけて思わずたじろぎますが、概《おおむ》ね共感を得られているようだし、観る人それぞれの読解力というか、実人生への寄せ方が思いの外深いようで、ナルホド作品の持つ力は、それ程ヤワではないと実感しています。

監督の毒づきにもっとやられたい中毒者が、ある物足りなさをボヤいてはおりま

すが、結果、西川作品のこの深化を成熟と言って感嘆、期待する方のほうが多いのは、いち元伴走者としても嬉しくホッとします。

勿論、しつこく自分への反省は止まりませんが、課題がなければ先に進めませんし、次回こそ！（いっつもそう思ってる(^◇^)）と闘志をしたためます。

いずれにしても、この作品は、このご時世の中、良く育っている！　生みの親の監督にこれだけ愛されれば、子供冥利に尽きると悦び唸っておるでしょう。

引き続き、互いの永～～い言い訳を引きずりながら、作品に永～～～く火を灯して参りましょう。返信不要にて。／永遠《とわ》の幸夫

＊

ここまで一人の俳優と濃密に与《くみ》することももうないような気もするし、ないと思えばまたほっとするのも嘘ではないが、私たちがともに映画を作った記録がこうして残ったことが胸にはずっと温かく、今はすこし幸福である。

『永い言い訳』によせて

映画『永い言い訳』パンフレット　２０１6年10月14日発行

この作品の着想が湧いたのは、二〇一一年の終わり頃だったと記憶しています。その年は日本人にとって、本当に特別な一年でした。ものごとが壊れるのは一瞬で、昨日まで当たり前にあったものも、今日はなくなるのかも知れないということを、厳しい現実として目の前に突きつけられてしまったからです。メディアがやや扇情的なトーンで伝える大きな悲しみの物語をぼんやりと眺めながら、私はふと思いました。そのような物語の表に出て来ない中で、あの日の朝に、なにげなくけんか別れをしてしまった家族もあったのではないかと。人と人の関係性は、常に円満、良好とは限りません。関係性が谷底にあるような時にも、理不尽な別れは悪魔のように訪れます。日常の中で、近くに居る人のことをなおざりにし、小さな諍いを起こし、どうせ夜には帰って来る、明日だってある、またいくらでも修復のチャンスはある、と思ってそのままあっけなく手の中からこぼれ落としたような縁も、私自身人生の中ですでに経験をしています。そしてその苦い別れの経験は、多くの場合誰にも語られることはなく、残された人の胸の内で孤独にわだかまり、ひそかに自らを責め続け、いつまでも癒えることはないでしょう。災害に限ったことでもないし、家族に限ったことでもありません。仕事で縁のある仲間や、旧《ふる》くからの友人や、自分にとって欠くことの出来ない人たちの存在が、ある日突然何の前触れもなく失われることは、誰にも平等に起こりえます。そうやって訪れた喪失の先にある人生の、永遠のような重たさは、単純に「涙を伴う悲しみ」だけで収束されるものではないでしょう。そんな苦しい関係の終わり方を経験した人の、その先の物語をいつかじっくり書いてみたいと思いました。

まず最初に、主人公の妻を乗せたバスが、雪を被った山間《やまあい》の道を進んで行き、音もなくカーブを曲がって姿を消す、という画が頭に浮かびました。これは映画にすると良いだろうと思いましたが、今回はまず先に小説から書いてみようと思いました。これまでに私はオリジナルストーリーの長編映画を四本こしらえましたが、それら「映画のための物語」はすべて、まず「二時間で展開が収まるか」「予算内で撮影可能か」ということを前提に計算しながら書かれてきました。ト書き一行でも、その内容によっては何百人が借り出され、数百万円が飛ぶこともあり、それだけの価値の描写なのかについて常に立ち止まって考えこんでしまいます。時間や予算の事情をはみ出してしまうアイデアは、たとえ頭で思いついていても、書かずに筆を収めるしかなく、自分なりに消化不良も感じていました。映画に比べた上での小説の良さは、紙幅に凡そ制限がないこと、そしてペンやパソコンさえあれば、たったひとりで大きなお金も使わずに物語が作れることです。ストーリーには直接貢献しなくても、登場人物の人間性を裏付ける過去のエピソードや、映画では説明する暇もない小道具や居住空間の細かな描写、会話ではなく胸の内でふくらむ複雑な心情などを、一度とことん書きたいだけ書いてみたら、後はどうなるかを実験したかったのです。結果としては、たっぷり時間をかけた、映画のためのウォームアップのような行程になりました。自分の書き言葉だけで全てを表現していくことの心細さも難しさも痛感しましたが、とにかく思い浮かぶことを何もかも、考えつく限りの書き方で書き、これから映画作りに乗り込んでいく自分の脳みその稼働域を最大限に広げる作業にはなったと思います。

本木雅弘さんは、私が子供の頃から輝いていたアイドルです。でも周防正行《すおまさゆき》監督の作品などを観ると、容姿端麗ながらじたばたもがき、かつ明るい主人公を演じられる人だなあという印象があって、いつかは主演をやってもらいたいと考えていました。今回は年齢と言い、知的な印象と言い、主人公と本木さんは近い部分がありましたが、決め手になったのは、樹木希林《きりん》さんやお嬢さんの内田伽羅《うちだきゃら》さんと仕事をされた是枝裕和監督が、「本木さんは幸夫にそっくりな性格だよ」と教えてくれたことでした。「だとしたらずいぶん厄介な人ですね」と私はややひるみましたが、「でもなぜかふしぎにチャーミングなんだよ」と是枝監督は言いました。「衣笠幸夫」の内面の複雑さを俳優本人が生まれ持ちつつ、かつ観客にエールを送ってもらえるような魅力も備わっているならば、それ以上のことはありません。私は勇気を出して、本木さんの門を叩くことにしました。

今では本木さんこそ幸夫であり、幸夫こそ本木さんであるとも思えます。直接知るまでは私も信じられませんでしたが、本木さんは、正直でありながら屈折していて、他人を信用したいのに信じ切れず、周到なようで不器用で、冷たいようで温かく、自分のことをいつも疑い、さげすみ、それでもけろりと立ち直り、前を向き、また後ろを向き、行き倒れ、また立ち上がりの七転八倒を繰り返す、これ以上ないほどに不完全で人間的な人だったのです。そしてまた驚くべきことに、そんな様子を現場でも隠すことなく、すべてオープンにする人なのです。だから本木さんの在るところには常に笑いが在りました。私たちはその人間力と懸命さとに取り込まれ、全員で本木さん（＝幸夫くん）を愛することが出来たのは、幸福なことでした。

一方、妻の夏子は、ある意味幸夫とは正反対の役どころでした。生身の出演シーンはトップシーンのみ、あとは大半、遺影として映画の中に存在し続けるしかない。

それでも腹の奥に飲み込んだ鉛のように、映画の中心にもの言わず居座り、観客にもずっと忘れられない存在でなければならない。この役を演じられるのは誰か。幸福だったのか、不幸だったのか、もっと生きたかったのか、それとももう去りたかったのか――「どこまでもその謎を残す人」という観点から私が思いついたのは深津絵里さんでした。この「存在を消しながらお在る」という役の難しさを、ご本人も深いところで理解しておられるようでした。弱音は一切吐かない代わりに、「この役はほんとうに自分がやるべきなのか」「この映画において自分に求められた役割は何か」ということを、出番が来るまでの長い長い時間の中で、ただじっとひとりで考え抜かれたのではないかと思います。夏子の幸夫とのトップシーンは、実際に本木さんの髪の毛を切ってもらいながらの会話劇だったので、プロ用の鋏を持ち歩いて数ヶ月練習を重ねてもらいましたが、本番では鋏の扱いのことなど一切問題になりませんでした。一つ注文を付ければ五手先を読むような俳優。こちらもいい加減なことは放てません。演出と言うよりも居合いのような緊張感でした。無傷で終えられてほっとしていたら、深津さんがにこにこ帰った後に急所の深手に気づくような現場でした。私もいつか深津さんを困惑させられるような演出家になれれば良いのですが。

陽一の役は、とにかく本木さんにないものを持っている人が良いと思っていました。竹原ピストルさんはギター一本かついで自分のワゴンで全国津々浦々、ライブ行脚をする人です。誰にも似ていない自分だけの芸能を持ち、魂から出た言葉を歌う、混じりっけなしの生き様を持つこの人ならば、ブランド化された〝本木雅弘〟にゆさぶりをかけることが出来る、と思いました。初めて会った面談で、「脚本を読んで、たいへん感動したので、もしもこの役に選んで頂きましたあかつきには、それはもう俺は人生をかけるつもりで、全力でやらせて頂きます。俺は演技のことは何もわかっておりませんが、仰って頂けたらば、一挙手一投足、監督の言われるままにやります。俺はとにかく犬のような人間なのです」とバカ丁寧で、かつ独特の味わいのある言葉で言われて、部屋は爆笑に包まれました。この人を陽一に選ばない理由が見つからないと全員が言いました。

子供という存在を物語に深く関わらせたのも初めての試みでした。元々、子供たちを虚構の世界に連れ込んで、大人と同じような要求を突きつけることに対して私には苦手意識がありました。遊んでいたり楽しそうにしているところをただ撮るだけなら良いですが、彼らが実際には体験してもいない辛いことを体験したふりをさせたり、泣きたくもないのに涙を流させたりするのは、何となく薄ら寒い「嘘っぽさ」を感じるし、たとえうまく出来たとしても、彼らを異常な人間性に導くのじゃないかという背徳感も抱えてしまう。だから子役との仕事に対して私はいつも遠慮がありましたし、はっきり言えば逃げたいような思いがありました。が、そんな苦手意識にピリオドを打つためにも、今回は真っ向から取り組んでみたわけですが、実際撮影の時間が長くなれば玉季ちゃんの集中力は切れて、手もつけられないクレイジー状態に陥るし、健心君がバスの中で涙を落とすシーンも、ノウハウもなくひたすら要求に応えようと真っ直ぐ苦しむ彼の姿を見ているだけで心が痛んでしまいました。毎日、スタッフも本木さんや竹原さんも一緒になって、なだめたりすかしたり、遊んだり叱ったり、大変でした。でもそうやって悩みつつ葛藤を繰り返す私たちを、シーズンが深まるたびに彼らはポンと飛び越えて、身体も心も確実に成長していくのです。自分がいかに力ない存在かということを思い知らされながら、大人が子供と関わることの豊かさも痛感しました。とにかくこんなに笑ったり大きな声を出したりの多い、にぎやかな現場を経験したのも初めてでした。素晴らしい時間でした。

何においても、これまでの自分の作品の中で最もゆったりとした環境で作らせてもらいました。長期間にわたって撮らせてもらった豊かさが画面にも映っている気がします。少人数態勢でカメラはスーパー16ミリを使い、自然光を主にした少ない照明セッティングで、現場の態勢は九〇年代のインディーズ映画のようでしたが、製作者やスタッフの作品に対する理解や許容度は深く、精神的な豊かさに満ちていました。ワンシーズン撮影しては編集し、また撮影をする、というシステムの中で、膨大な無駄の中に実は解決の鍵が埋もれているのを発見し、脚本や編集はじっくりとブラッシュアップされていきましたし、「迷って良い」という贅沢さも感じました。

この作品は、「物語を作る者」という私の自己像にも似たモチーフと、これまでの四十年の人生で経験してきた人との関わりや別れの実感とをもとにして、後悔も喜びも願いもすべて束ねて描くという試みでした。たったひとりで書き始めた物語がここまで辿《たど》り着くのに、実にたくさんの人の思いに巡り会い、支えられ、それによって多くの挑戦に踏み切れたと思います。自分の中でも最も苦労した作品でもあり、それだけにフレッシュで愛《いと》おしいものになりました。またいつか、ここことは違うどこかへ旅することが出来るように、今はただ息を整えています。

小説

ガラスごしの空

「yom yom」 2010年7月号 資生堂TSUBAKI〈日本の女性は、美しい。〉

今この天井が、どん、と落ちたら、電車ひとつ分の乗客の数が減り、京王《けいおう》線の混雑は少し解消されるだろうか。

新宿駅のホームの、暗雲のように低い天井の下、到着した列車から溶岩が噴出するようにどろどろと人々があふれ出て改札へ向かっていく。遅れて出てくる客は、その悠長さに制裁が下されるように、新たな乗客たちの体当たりに被弾して、よろめいている。列車が発車すると人気《ひとけ》はぐっと減り、ほんのひと時、嘘《うそ》のような静寂が訪れる。この極端な混乱と静寂とを呼吸のように繰り返しながら、駅は生きている。今頃彼女はどこを走っているだろう。僕は彼女を待っていた。

「折り返し、各駅停車高尾山口《たかおさんぐち》行きが到着いたします。黄色い線の内側までお下がりください」というアナウンスの聞こえた十七時三十一分、ぴかり、と列車のライトが見えた。僕はホームの先端に立ち、視覚を研ぎ澄ます。まだスピードを落としきらないその先頭車両が頬をかすめるように行き過ぎる瞬間、明かりの落ちた運転席の中に、白く浮かぶ彼女の顔を見た。

停止して扉が開き、再びの混乱。それがやや下火になった頃、ホームの最奥、僕からは二百メートルも離れた運転席から、米粒ほどの黒い人影が降り立つのが見える。しかし見えたと思ったら、すぐにまた空になった一両目の前の扉から車内に姿を消してしまう。

いち、に、さん、し、ご——ふっと音もなく、同じ車両の一番後ろの扉から再びその姿が現れる。米粒は一両目の車内点検を終えて、あずき粒ほどになった。黒い小さな鞄を肩にかけ、すっ、すっ、と一歩ずつ、少し上に浮かぶように歩く姿は間違いなく彼女だった。けれどホームにうごめく人たちにところどころ遮られてしまい、僕は爪先立ちになったり、とび跳ねてみたりする。しかし視界が開けたと思うと、もう既に彼女は二両目に身を隠している。

……に、さん、し、ご——再び卵が生まれるようにぽこっと車両の中から彼女の姿が現れ徐々にこちらに近づいてくる。ようやく眼鼻がわかるようになってくると、反対の後方車両から順に点検をして来た車掌と彼女はすれ違い、あとはまっすぐこっちに歩いてくるが、そのころには僕はもうとび跳ねたりせず、黄色い線よりずっと内側に下がって、そっぽを向かなければならない。

高尾山口行きに変わって最後尾車両が先頭になった。車内は既に会社帰りの勤め人や買い物客で埋まりかけている。まずい、こうしちゃいられない。僕はあわてて乗り込み、運転席の斜め後ろあたりに陣取った。

運転席に入っていた彼女は、何やら呟《つぶや》きながら四方の計器を丹念に指さし確認して、座席に着いた。彼女の手袋は青いほど白く、まるで特別にあつらえたようにその小さな手指にぴったりと沿って、忠誠を誓っているようだ。左腕にはめた少し大ぶりな腕時計に視線を落とした時、ちょうどホームに発車ベルが鳴り響く。扉が閉じられたサインのランプを確認すると、彼女は一度、僅《わず》かに座り直して姿勢を整え、ぐっと運転レバーに力を込めた。僕も時計に目を落とした。十七時四十三分。新宿駅に着いてから、彼女は水の一口も含む間もなく、また何千という人間の命を乗せて走り出す。

計器の針がじりじり目盛りを上げて行き、地下線路の真っ暗な闇の中を列車は加速する。フロントガラスにぼんやりと彼女の顔が映り、角ばった眼鏡《めがね》の奥の瞳がまっすぐ前だけを向いているのがわかる。もう少しその背中に近づいてみたいけれど、そうすると僕の顔まで映りこんで、彼女の視界に入るのだ。またこいつだ、と思うだろうか。キモチ悪いやつ。彼女はそれでも逃げられない。線路の上に人生があるからだ。

一体どうして運転士になろうと思ったものか。歳《とし》の頃は、二十五、六。どこにでもいる顔。どこにでもいる背丈。どこにでもいる声。肩の下までの髪を黒いゴムで後ろで一つに束ねて、アクセサリーの一つもなく、かっちりとした制服の中に全身を包んでいるせいで、何一つ彼女の色は見えてこず、野暮ったいのか、今どきなのかさえ、窺《うかが》い知れない。何を考えてる。そんな狭い箱の中で、一心不乱に前だけを見て、目印が見えると必ず、何度でも同じ角度で前方に人差し指を突きたてて、誰に言うでもなく「よーし」と声を出して。車庫に帰れば、仲間がいるのか。仲間とは、面白おかしく過ごしているのか。笑ったりするのか。泣く日もあるのか。電車が好きか。僕は、電車にさえ、詳しくはない。

初台《はつだい》、幡ケ谷《はたがや》を飛ばして、地下線路の中を一気に走り抜ける。なめらかな傾斜に差し掛かると、はるか遠くに小さな光が現れる。しかし見る間にそれは膨張して僕の眼を鋭く射るが、彼女はひるむこともなく光の中へ突進し、やがてパッと両脇に都心の街が広がるのだ。彼女はレバーをじわじわと引き、ほどなく笹塚《ささづか》駅が見えてくる。先ほどまでは轟音で走っていたのが、するり、するりと最後は能のすり足のようになめらかになって、音もなく止まる。乗降位置に寸分違《たが》わず停止して、列車はふうっとため息をつくように扉をあける。

押すな押すなと人が出入りするが、運転席には石膏《せっこう》像のように動かない彼女の背中がある。遠く前方に夕日が輝いて、空を染め上げようとしている。彼女は再びレバーに力を込める。

代田橋《だいたばし》、明大前《めいだいまえ》、下高井戸《しもたかいど》、と順調に列車は進み、八幡山《はちまんやま》を過ぎた頃には大分乗客が減って車内の緊迫が解かれて行き、つつじヶ丘の駅に到着した時には、夕日は遠い山の端に足を掛け、先ほどまでのぎらぎらとした力もなくしていた。彼女は停車するなりホームに立って、両手をぴっしりと身体の横に当てたまま、びゅんびゅんと通過していく準特急列車を見送った。後ろで結った髪が、それだけ彼女からは独立した生き物のように、可憐《かれん》に風にあおられて、さらさらとなびいた。

再び彼女は運転席に着き、レバーに手を掛け、「出発」、その時であった。突然一人の小さな老人が僕の目の前に進み出てきて、運転席へ続く扉を、どんどん、と叩き、握ったノブをガチャガチャと乱暴にこじ開けようとした。ナニゴト? 車内に緊張が走る。彼女は振り向いた。すっくと椅子から立ち上がり、内鍵を外して扉を開けるなり、老人はまくし立てた。

「ひどいんだよ、さっき乗った電車、布田《ふだ》に停まるっつって、停まらないんだよ。これ、布田、何個目？」

もしそれが本当ならば、今頃東京は大パニックのはずだが、怒り狂っているのはその老人一人のようだった。彼女は一瞬、気圧《けお》されたように口を結んだが、すぐに頭の中で指を折って数えるような表情をして、「三つ目です」と静かに答えた。

「三つ目？」

「はい」

老人は、あそう、と言って自ら扉を閉めて退散した。

彼女のほうも何事もなかったように、再び席に座り直して、レバーを押し上げて行った。すうっと列車は発車していく。腕時計を見ると、きっちり定刻に列車は出発を遂げていた。

何も起こらなかった。

正直僕は少しだけ拍子抜けした。パニックなどとは無縁の、平和な車内が戻り、彼女の仕事は今日もパーフェクトに続いて行く。けれど、再びその背中に目をやった時、僕は、思わず一歩、いや二歩ほど前に出て、初めて彼女の真後ろからじっと見た。きちんとかぶった濃紺の帽子と、結った髪の間に覗《のぞ》く彼女の耳が、燃えるような赤みを帯びていたのである。赤みは耳だけでなく、うなじの方まで広がって、静かな蒸気を立ち上らせているようであった。目印が見えてくると、いつもと全く変わらぬ調子で指を突き立てて、「よーし」と声を出したが、ほんの僅かに、声がかすれ、彼女は小さく咳払《せきばら》いをした。目の前には、その耳と同じ色をした夕焼けが広がっていたが、僕は彼女を、空よりも美しいと思った。

「文學界」２０１５年１月号〈LOVE LETTERS 2015〉

ラブレター、あるいは湖の底に沈んだ手紙

ずいぶん返事を出すのが遅くなってしまいました。

お手紙をありがとう。とても嬉《うれ》しかったのを、憶《おぼ》えています。夜更けに仕事から帰って来て、松陰《しょういん》神社前のアパートの郵便受けを開いたら、宛名に「君へ」とだけ書かれた、消印もなく、切手も貼られていない封書が一つ入っていた。すぐに分かったよ。あなたが、登戸《のぼりと》の家からことこと電車に乗ってやって来て、投げ入れてくれたのだと。投げ入れて、私の居ない私の部屋をたぶん一度くらいは見上げてすこし考えて、そしてたったひとり、来た道をまた戻って行くあなたの姿を思っただけで、みぞおちに錐《きり》の先端を突き立てられるようなきもちがした。私は、鉄階段を駆け上がりながら手で封筒の口をちぎってやぶって、二階の廊下の薄暗い蛍光灯の下で読み始め、片手に握った家の鍵をドアに差し込む前に、便箋四枚に綴られたその手紙をぜんぶ読み切ってしまった。

あれは確か、お別れの手紙だったよね。愛の言葉の綴られた、熱い熱い、お別れの手紙。たまらなかった。あんな手紙を人にもらったのは初めてだったから。私は「さようなら」と締めくくられたその手紙を読み終えるや否や、とるものもとりあえずあなたに電話をしてしまったのでした。ね。そうだったでしょ。違ったっけか。なにせ二十年も前のことだから。私も記憶がとぎれとぎれよ。――憶えていない？何を憶えていない。電話のことをか。手紙のこともか。嘘だね。それは嘘だよ。あなたはそういうことを忘れる類いの男ではない。もし思い出せないのだとしたら、それは忘れてしまったからではない。無かったことにしたいというあなたの強い念に、海馬が気圧されているだけである。わかりました。では、萎縮した海馬を鼓舞するべく、その素晴らしい手紙の一部を、以下にご紹介致しましょう。どうぞ！

＊

例えば楽しかった日などにうちに帰ると、あるわけの無い未来だと分かっていても、こんな喜びをキスをしたり抱きしめたりして、君に伝えられる日が来るのかもと思ったり、悲しかった日などはもうただただ消えてしまいたくなったり真夜中に起き出して、それはそれは寂しくて一人多摩川のほとりでこの月は君の居るところから見えるのだろうか、君は見たのだろうかと、まるで思春期の乙女のごとく頬を濡《ぬ》らす日々をくれた君に今はとても感謝しています。（中略）君の立場に立てばぼくのような男より君が選んだ素晴らしい男と結婚して幸せになったほうが最終的にはぼくにとっての幸せにもつながると思っています。通常気づいた時点で身を引くのですが、どうしてもどうしてもあきらめきれず、クレイジーなことをさんざん言ってしまい、申し訳ない。しかし手前勝手なことを言わせて頂けば、一生のうちで一度くらい人に執着し、無様に追いすがることがあって良かったと思っています。ほんとうに好きだったんです。君の美しさも醜さも全部ひっくるめて抱き締めたい。でももう二度と君を惑わすようなことはありません。安心してください。とても悲しいんです。本当の事を言うと自分が誰かを愛することで、その人を困らせたり、傷つけたりすることに疲れました。本当に疲れました。（中略）すべてが夢だったのです。でもこれだけは現実です。人を好きになりました。たしかに人を愛したのです。ぼくは生きていたんです。ありがとう。そしてさようなら。とてもとても幸せになってください。追伸、俺のほうが愛してたと思うんだけどなあ（笑）。

＊

　どうですか。どう思いますか。こんなことを、ひとに書く男を、私は今も昔もあなた以外に知りません。皮肉ではない。感動したんだ。ほんとうに。私は胸打たれ、あなたのことばに、賭けてみることにしたわけだから。そしてそれまで三年つき合って一度として「ａｉ」という音声を発してみせなかった大友さんをぽいと棄《す》て、あなたと一緒になったわけだから。

　この後さらに追伸があり、この手紙は一度読み切ったら二度と読み返さないことと、すぐに始末することを約束してくれと書かれていたけれど、私は約束を守りませんでした。後生《ごしょう》大事に箱の中にしまいこみ、松陰神社前のアパートを出るときも、経堂《きょうどう》の２Ｋを引っ越すときも、今の家に移ってからも、あなたからの贈り物や、ふたりで買った色んな品や、他の思い出は様々に捨てたけど、ただこれだけは、その都度読み返し、また箱の奥底にしまい込むのを繰り返して来たのでした。知らなかったでしょう。知るわけないわ。あなたは私のことを、ちっとも知らないのよ。まあ、それは今いい。とにかく初めの幾年かは、ほんとうに宝物だった。読み返すごとにあなたの言葉に励まされ、私たちふたりの原点を見るような懐かしさを覚えていたのだけど、それがいつからか、大掃除のたびにちらと見かけても、手に取ることさえなくなった。失われた楽園の果実の甘さについて記された物を、砂漠の上で読まされるような気がしたからだ。自分が今立っている足下の、砂地の乾きを思い知らされることが恐ろしかったし、甘ったるいだけの果実に夢中になったかつての自分が愚かに思えて忌々《いまいま》しかった。そして、いつかこれを、あなたを決定的に断罪するときのための物証として使ってやろうと思うようにもなった。契約不履行を責め立てる時の、証拠書類であると。嘘つき！　嘘つき！　嘘つきめ！　と。

今ではそのどれでもない、まったくふしぎなきもちです。旧《ふる》い旧い祖先の写真や日記を見るような。「これがお前のヒヒヒヒヒイおばあちゃんだよ」と言われても、まるでピンと来ないみたいにね。あなたはどうかな。これを書いたのはほんとうにあなたで、ここに書かれている「君」とは、ほんとうに私？　ほんとうにきれいな愛のことば。うっとりするほど、遠いおとぎ話。こんな風に他人に思ってもらうことの出来たあの時の女の子は、一体どこへ行ってしまったんでしょう。それはこっちが訊《き》きたいよ、とあなたには、言われてしまうかもしれないね。

時の流れや、生活や、習慣や、経済や、互いの家族や、育ちや思想性の違いやらが、さまざまに私たちの、はじめに出会ったころのふっくらとした思いを、試し、摩耗し、見る影も無いほど痩《や》せさせてしまった。互いを不幸にさせることなんて一度も望んだはずは無かったのに、私たちはそういう色も匂いも名も無き悪魔に、ふたりで団結して立ち向かう術《すべ》を探らず、ただそのかされるがままに互いを潰《つぶ》しあった。命を宿すこともなかった子供のせいにするのは可哀想《かわいそう》だけれど、互いの存在のほかに目のやり場も、気のまぎれようも無かったことは、やっぱり一つの大きな要因だったのかもしれません。いつのまにかあなたのことばは何もかも色あせて私には響かなくなり、私はあなたに耳を貸そうともしなくなった。たくさんあなたは私を裏切ったし、私はたくさんあなたをないがしろにした。気がつけば、あなたが私に対する愛の云々《うんぬん》についてぷっつり口を閉ざしてしまってからの年数は、大友さんが愛を語らなかった年数を、とうに超えました。ふたり、力を合わせてやったことは、たくさんの、貴重な時間を殺したことです。

それでも私は、仕事から帰って来て、表の通りから家に灯《あか》りが点《つ》いているのが見えれば足取りが早くなってしまうのよ。エントランスで鞄《かばん》の中をごそごそ探って鍵を出さなくてもインターホンを鳴らせば中から解錠してもらえること。扉を開くと、音楽や、テレビの音が聴こえてくること。木枯らしの吹く季節に、部屋の中が温かいこと。お風呂のお湯が温まっていること。作ってみたかった料理を作れば、一緒に平らげてくれるひとが居ること。腹の立つニュースを見た時に、舌打ちをするのが自分だけじゃないこと。雨の降り出した夜に、表に干していた洗濯物が取り込まれていること。または、雨が降り出したのに取り込まれてもいないことに、文句を言えること。悩んだ末にようやく買った、すてきなグラスがある日ぱっかり割れていること。くだらない諍《いさか》いがおこること。諍いの収め方をしくじったことが、気にかかって何も手につかなくなること。昼間の失敗を思い出し、枕に突っ伏して「最悪」とつぶやけば、「何が」という声が隣から戻ってくること。夜中の地震で目が覚めたとき、はっとして摑《つか》む腕があること。窓の外、空に浮かんだ月がおどろくほどきれいだったとき、見て、と言う相手が居ること。それがあなたであること。

簞笥《たんす》にしまっておいたきれいな愛はいつの間にか目減りして底をついていたけれど、私はそんなとるに足らない、実につまらない事のひとつひとつに、人生を、この二十年をたしかに支えられて来たのです。そういったことの価値のために、ほかのすべてに目を瞑《つむ》り、引き換えにして来たことは、私の弱さだったのかな。いや、あなたと居たことで深めた孤独も絶望も、なかなかであるが、しかし同じことならひとりしずしずと漬け込んだ孤独なぞよりそれを私は、自分の人生だと誇ることが出来る。二十年、ありがとう。

いつからか、決めていたのよ。あの手紙をもらってから二十年経《た》って、私たちふたりがまだもし一緒に居たら、その年の結婚記念日に、返事を書こうって。あんなに充実した愛の手紙に対する返事がこんなふうになるとは、もらったころの私にしてみれば、たいへんがっかりでしょう。やはりあなたのようにひとに喜んでもらえるような文章は書けないわ。でももしももう二十年あなたと私が一緒にいることがあるようならば、またその時にでもお返事をくれてみると面白いかもね。旅行から戻ったころにあなたに届くように、向こうに着いたらポストに投函するつもりです。

夫へ。とてもとても、幸せになってください。

書評・映画評

『ハズバンズ』（監督・脚本／ジョン・カサヴェテス）によせて

「Coyote」2013年12月15日発行〈特集・カサヴェテスへの旅〉

五年ごとくらいにこの作品を見直しているが、その時々で持つ感情が違う。初見ではピーター・フォーク、ベン・ギャザラ、そしてジョン・カサヴェテスという黄金のトライアングルの奏でる、汗と脂と吐瀉《としや》物の混じったような濃厚な魅力にノックアウトをくらったものである。

親友の葬式の翌朝、真冬のニューヨークの街を喪服の中年三人がエア・バスケ（?）をしながら駆け抜ける序盤のシーンを観《み》るごとに、「映画にしか出来ない表現とはこれだ」と雷に打たれたような気持ちになるのは変わらない。このシーンほどの「得も言えぬ」肉体性を散文で表現するのは不可能ではないか。カサヴェテスは、人間の肉体と関係性が言葉無しに物語るものを、俳人のように捕らえる名手であると思う。

二十代の頃は、ポップなオープニングと温かい味わいのラストシーンも相まって、この三人の繰り返すナンセンスを弥次喜多的珍道中として楽しんでいた気がするが、改めて本作を観ると、「どうしようもないけど憎めない三馬鹿中年」では片づけられない、何かのっぴきならない重たさを感じてしまった。

再発見した台詞《せりふ》がひとつある。

カサヴェテス演じるガスが、三人で遊びに飛んだロンドンのカジノで馬鹿騒ぎをしながらぽつりと挟む一言。「俺たちうるさすぎる、アメリカ人丸出しだ」。実はアメリカ映画の中に、このような客観性のある台詞を見つけることは難しい。アメリカ人は世界に誇る輸出品であるアメリカ映画の中で、アメリカ人のことを滅多に批評したりはしないからだ。

三人は絶え間なく、自分の言いたいことだけをのべつまくなしに語り、「俺は自由だ」ということを証明すべく、独善と、悪ふざけと攻撃性とをぶちまける。すべての「自分たち以外」に対し、寛容な、識者らしき笑顔を浮かべつつ腹の内で蔑《さげす》み、とるに足らないものと決めつけ、そして、蓄積した自らの内なる不安や過失からは目をそらし続ける。そらし続けるには、外に出て、動き回るしかない。

彼らが連発する「愛してる」という言葉はことごとく空疎で実体がなく、コミュニケーションだと彼らが信じているものは、一度としてまともな対話にはならない。

バカバカしさと、溢《あふ》れる人間味でコーティングしながら、カサヴェテスは冷徹に〝夫になった男たち〟という生体を晒《さら》しものにしながら、ふたたび、アメリカの影を描き切るのである。

常にたまらなく魅力的でありながら、ぞっとするほど狂っている。これぞ、アメリカそのものだ。それを、9・11よりも三十年も前に、狂騒とともに寡黙にフィルムに焼き付けたカサヴェテスの眼には、今の世界はどんなふうに映っているだろう。放蕩《ほうとう》の末に帰ってきたガス（＝カサヴェテス）を庭先で迎えてくれるカサヴェテスの実の子供の表情にこの映画は救われるが、画面に妻ジーナ・ローランズが姿を見せなかったのは、世の中の夫たちに対するカサヴェテスのせめてもの手心だと思う。そこに待っているのは、温かなハッピーエンドかもしれない、と希望を抱く余地を残してくれたのだから。

『男の中の男』によせて

『韓国・朝鮮の知を読む』野間秀樹／編　2014年2月20日発行

〈李滄東《イチャンドン》〉と言えば、実に泣く子も黙る映画監督である。二十一世紀の韓国映画産業の躍進は目覚ましく、巨額の予算を投じてねり込まれたプロットと大掛かりなアクションで描くハリウッドスタイルのエンターテインメント映画もお手のものとする傍ら、強烈な個性を発揮してカンヌやヴェネチアのVIPと昇りつめていく作家も少なくないが、そんな中でもイ・チャンドン監督の名前には別格の響きがある。どんな権威が評価しようと、所詮映画は観る者個々の好き嫌いに尽きるものだが、イ・チャンドン作品だけはふしぎに「好き」「嫌い」で語られないところにあるように思う。

一九九七年の『グリーンフィッシュ』の発表以来、『ペパーミント・キャンディー』（一九九九）、『オアシス』（二〇〇二）、『シークレット・サンシャイン』（二〇〇七）、『ポエトリー アグネスの詩《うた》』（二〇一〇）、『バーニング』（二〇一九）と、割合にゆるやかなペースで作品を発表してきた。どの作品も狂騒に頼らず、静謐《せいひつ》を気取らず、絹糸のような細い糸に腹の毛穴から音もなく忍び込まれ、五臓六腑を締め上げられた末にもうろうと天に召されるような作品群である。まぎれもない傑作ばかりだが、観る時に大変な体力を要する映画であるのは間違いなく、鑑賞後の安眠は保証されない。

映画づくりに携わる以前は教師や小説家として活動をしていたというイ・チャンドン氏であるが、『男の中の男』（吉川凪／訳 トランスビュー）という短編小説は、日本で和訳本が刊行されている数少ない作品の一つである。

八十年代の民主化運動の最中、明洞《ミョンドン》でデモ参加者と間違われた小説家の「私」が、警察の護送車の中で一人のみすぼらしい労働者と出会うところから物語は始まる。

事情と身分を明かして解放された「私」は、帰る道すがら「先生《ソンセンニム》」という敬称で彼に呼び止められる。二人で入った食堂で話を聞けば、彼もまたデモ参加者ではなかった。何一つ知性らしいものを身につけず、郷里での辛い小作農の職を捨てて家族を引き連れソウルに出てきた、ただ善良なだけの男だということが分かった。デモはおろか、世間が熱く盛り上がる民主化の意義すら分からないと話す彼に対し、「私」は、あなた自身の暮らしを向上するためにも共に努力をしなければ、ときわめて控えめに諭してやった。

人間は、他者から向けられる敬意を決して無視することは出来ない。無名の小説家である「私」が、彼にへりくだった態度を取られることには恐縮しながらも、無意識のうちに彼に対して「知」を与える役回りを買って出ていたのと同様、彼のほうもまた、識者らしき「私」から、「あなたも社会の担い手の一人である」という敬意を払われたことで何かが変わった。おののきながらも、彼は新たなる道に駆り立てられて行く。その後民主化運動の渦に身を投じ、受け身だった態度が主体性と全能感に変化し、「闘争」や「民主主義」という言葉にのめり込んでいった。再会を果たすごとに、身をすくめるようにして自ら卑下していたかつての面影は失《う》せ、思考や生活、そして人間性までもが、昆虫が変態するように様変わりしていく。いつしか彼は「私」のことを「先生」と呼ばなくなっていた。じきに飢えた家族を放り出し、一家の主《あるじ》としての務めすら忘れて実体を伴わぬ観念の世界に埋没して行くその変容を前に、「私」は、ただただ身体《からだ》を強《こわ》ばらせ、立ちすくむことしか出来ないのである。

学者、作家、ジャーナリスト、芸術家、いわゆる「ものかき」などと呼ばれる、「知」の担い手を自任するような人々にとって、社会の最底辺をさまよう生活者はつねに作品や研究のモチーフであり、探究心をくすぐる対象でもある。貧困や、搾取や、苦汗労働に悩まされる生活こそが社会の実相を映し出すイノセントな「ホンモノ」であり、「知」や「正義」などの本質は、彼らのためにこそあると、識者はすべてそう刷り込まれているからである。しかし、両者の間を隔てる溝は、ものかきたちの希望的観測よりも遥かに深い。「私」が、よかれと思って投じた「知」の一滴が、図らずも彼の生活を崩壊させ、彼自身を制御不能な異形のものへと変化させて行くこの物語は、人類が最も誇るべき英知というものの陥穽《かんせい》をみごとにあぶり出し、観察者として鉄柵の外に立つことしか出来ない「ものかき」たちの脆弱《ぜいじゃく》なアキレス腱《けん》を、薄い刃で音もなく切り裂いていくようだ。鉄柵の中と外、どちらが不自由な檻《おり》であるかは誰も分からない。

小説家イ・チャンドンの、技巧におぼれない平易で引き締まった文体は、氏の映画のタッチ、いや、映画作りの誠実な姿勢にも通じるように感じられる。ファンとしてはもっと多くの文章に触れてみたいし、過去に書かれた小説の日本語訳も、どなたかぜひとも出版してもらえないものだろうか。眠れぬ夜は、覚悟の上のことである。

「怖さ」の上に成り立つ食

「読売新聞」２０１４年5月18日〈本のソムリエ〉

Q　読者の相談

多くの人がおいしいものを食べられたらいいと思っている。どれだけの命が犠牲になっているのか？　改めて「いただきます」の意味を教えてくれる本を教えてください。（神戸市　理容師　味地明子さん　50）

A　おすすめの本

私の通った中学の教室には、午後になると胸の詰まるような重たい匂いが流れて来て、その都度慌てて窓を閉めていました。風上には屠畜《とちく》場があり、牛や豚の骨を焼いているのだと聞いていました。私もお肉が大好きですが、そうやって窓を閉めたまま、多くを知らずに生きて来た気がします。

質問を機に、私も何冊かの本を読みました。まずは森達也《もりたつや》さんの『いのちの食べかた』（イースト・プレス）。可愛《かわい》い牛や豚のイラストつきで、「僕たち」が年間に食べる肉の量や、日本の食肉史、屠畜の方法が紹介されます。これだけ肉食にどっぷり浸《つ》かりつつも、私達が食肉の現場を目の触れぬ場所に遠ざけ、命を絶たれる動物、それを請け負う人、双方に対する罪悪感、忌避感もろとも忘れようとしていることのからくりが穏やかに解きほぐされます。

佐川光晴《さがわみつはる》さんの『牛を屠る《ほふ》』（解放出版社）は、十年間と畜場で働いた作家の綴《つづ》る克明な記録。「屠り」の瞬間は凄絶《せいぜつ》で、決してそれは私達の望むほど安らかではなさそうです。「いのちをいただく」と言うときれいですが、実はその前段階に、私達に代わって刃物で生き物の喉を掻《か》くことを担う人達の信念と技術があるのだと思い知らされます。

最後は写真集。本橋成一《もとはしせいいち》さんの『屠場《とば》』（平凡社）。背筋が伸び切る緊張感。やっぱり怖い部分もありました。しかし人間の食とはそういう「怖さ」の上にしか立ち得ないんだと、やっと分かった気もします。三冊とも、食べて、生きて行く上では必読、とも思える本です。

エッセイ

言葉とつきあう

「中学校国語教育相談室」２０１４年９月８日発行〈言葉と向き合う〉

私は、失言の多い人間です。

「言って良いことと、悪いことがある」というフレーズがありますが、幼い頃からその「言って悪いこと」のほうを、ぽろり、ぽろりとこぼしてしまう性分で、私の母親は「あなたの言葉は、ひとを傷つける凶器になる」と、たいへん危惧していました。

しかし「書き言葉」というものを覚えてから、その不用意さ、無防備さが多少緩和されていったように思います。脳みその中で発生した電気信号をすぐ真下の口からつるりと喋《しゃべ》るより、少し距離のある指先のほうから黙って綴り出すくらいが、いくぶんか「寝かされて」「配慮のある」ものが上がる感じがするのです。文字として記録されると、自分がうっかり放つ「言って悪いこと」も少しは客観性をもって眺められ、なぜ自分がそれを発するのか、発さずにはおれないのかを考えて、それを人にどう伝えるかも吟味することが出来ます。

ひとの書くものにも興味を持つようになりました。小説などの世界では、楽しい冒険や美しい恋愛と同じくらい、人間に内在する闇や毒もまた花形の主題です。一般的には「言って悪いこと」でも、書き手の腕次第で笑えるものにもなるし、孤立していた心に寄り添うものにもなりうることを強く実感しました。もしも「読む」とか「書く」という行為がなければ、私の中から発生する「言って悪いこと」は内部でぷすぷすと煙を上げ、自家中毒に陥っていたかもしれません。次第に私にとっては、「書くこと」＝「考えること」になっていきました。ペンや鉛筆を持って、初めて自分が何を考えているかわかってくるんです。ちょうど中学に入った頃から始まった習慣だと思います。

その頃は、どこかで読み齧《かじ》った言葉をすぐに真似《まね》して使っていました。漱石《そうせき》を読めば「私は」が「余は」となり、太宰《だざい》を読めば「こひを、しちやつたんだもの」と。そんな中学生の文章ってありますか。真新しいスニーカーや、ハイブランドのバッグを中学生が身につけている感じだと思います。ちぐはぐで、いい気になってるのは本人だけ。今でこそ、そんな自分もなかなかにいじらしいですが、当時は一週間も経って読み直してみると顔から火が出そうになって、ぐちゃぐちゃに丸めて捨てていました。だけど、そういう背伸びを重ねる中で、何がほんとうに自分の気に入ったスニーカーなのか、バッグなのか取捨選択がなされていくものです。ちゃんと自分の生活の用途に合わせ、好きだと思ったものを大事に使い込んでいくと、いつのまにか珍しい言葉や古い言葉でも、そのひとのものになると思います。そして、その言葉はそのまま「そのひとらしさ」になっていきます。

使う言葉こそがその人物、と言っても良いと思います。人は、何を見て、どんな環境で育ち、誰と付き合ってきたか。そういうものが、語彙や語り口に表れます。帰国子女の人は、日本語の言葉遣いの中にもその特徴がにじみ出ます。地方出身者が使う標準語と、東京育ちの人が話す東京弁は違います。趣味の多い人、少ない人、家庭のある人、一人暮らしの人、些細《ささい》でも、必ず使う言葉の中に特徴がちりばめられます。脚本を書くときには、台詞の上でキャラクターを書き分けるのですが、一つの作品の中でも、同じ言葉遣いの人間は二人と出てきません。兄弟でも、夫婦でも、生きる場所や性格によって、言葉に差異を持たせる。そのように書くことで、脚本を渡された俳優たちは自分に与えられた役の人物のキャラクターを摑むのです。

私は、映画監督に弟子入りしましたが、自分自身のコミュニケーション能力には不安もあるし、やっぱりひとり書斎で仕事のできる脚本家になろうと思った頃がありました。ひっそり日陰に居ても、脚本の中に魅力的な世界を作り、魅力的な人物を出せば、きっとお金を出す人も出て来て、力になってくれるスタッフや、俳優も見つかると思ったからです。監督をやるようになってからも、自分の企画の魅力を話し言葉で伝えきる自信がないので、映画に関わってくれる人ひとりひとりの心を摑むためのラブレターだと思って、脚本を書いています。ラブレターは、相手を落とすためのものですから、決して独りよがりではいけません。この物語と人生を共にしたら、絶対に楽しくなる、この物語には、絶対に自分が必要だ、この物語を逃したら、絶対に後悔する——受け取った相手にそう思い込ませようと、私は台詞の一言一句、ト書きの一言一句に心血を注ぐのです。そこに綴る言葉は、もう私自身を解放するためのものではなく、これを読む「誰か」のための言葉なのだ、と思ったときから、私は自分がプロになれた気がしました。——と、それらしい策士のようなことを書きましたが、本音を打ち明けると、その恋に恋をしているのは、やっぱり私自身にほかならないのです。自分が勝手に思いつき、しつこく温めたかなしい片思いの相手になってくれる仲間がほしくて、しゃかりきに権謀術数《けんぼうじゅっすう》を巡らせ、錬金術を学び、机に齧りついているにすぎません。

なぜ言葉があるのか。当たり前ですが、それは他者とわかり合い、交わるためです。誰ともわかり合えない閉ざされた気持ちをたったひとり帳面に書きなぐって、解放してくれるのも言葉ですが、他者に伝えたいという意志が起こったときに初めて、言葉は磨かれていきます。ひとりでこもって思索しているように見えて、人間はその思索の言葉の先に届かぬ他者を夢見ているのです。結局のところ、世界に他者がなければ、言葉もないということではないのでしょうか。

タジン鍋

「asta*」２０１５年4月号〈夜更けのおつまみ〉

私には、酒の味など分かりはしない。

エラい人や、金満家に連れられて、隠れ家だの、会員制だの、そういう店にも足を踏み入れて、これはどこそこの米をどれだけ磨いたとか、いつのブドウを何時に摘《つ》んで、樽《たる》が何だ、温度や湿度が何だ、と聞かされながら、うやうやしくグラスに口を付けて、「わあ。ほんとだ。香りがね！」などとうそぶくこともあるが、なんの、分かっちゃいない。「分かりませんね」と答えたのでは、心を込めて振る舞っているお店の人にも、お酒を造った人にも、エラい人にもあんまりだから、「香りがね！」と言っているだけだ。分かっちゃいない。会話がお酒の話題から程よく逸《そ》れて来た頃には、グビー、と飲みほして、「すんません。生《ナマ》ください」と言っちゃうのだ。

ビールに戻ると、ほっとする。大抵の店では好みやうんちく抜きに、ビールなら黙って出してくれる。黙って飲める。どんなにうまいビールかなどと講釈を垂れずに、飲める。それがうまい。うまさを語らずに、うまいものを飲み食い出来る幸せ。好きな人や大事な勝負の相手と、とびきりおいしいものを食べることの幸せを、私は解さない。いちどきに、そういくつものことを同時にはこなせない。好きな人や大事な人との話に夢中になって、魅力に打ちのめされて、うますぎる飯や酒は、却《かえ》って邪魔だ。香りとか、色目とか、焼き具合とか、どこそこ産とか、やかましい。私は今、目の前の相手と、真剣勝負をしておる。デニーズのビールで十分だ。ピンポーン。お姉さん、これ、もう一杯。

金や手間のかかった、うまい飯やうまい酒など、見合わぬ人間なのだと思う。一日仕事をして帰って来て、二十三時半から、エプロンを引っ掛けて自分でこしらえた簡素な食事と、発泡酒（今日はとびきり頑張った、と思いたい時はお歳暮で頂いたエビスかプレモル）を喉に流し込む瞬間が、「はあ、酒がうまい。飯がうまい」と思う最たる瞬間だ。酒と、飯のことだけを考えている。あとは、その日にあったスポーツの結果くらい。実にさみしい話だが、うれしい時よりもさみしい時の方が、うまさだけが、ただじっと沁《し》みるように思う。そして自分には今、これしかないのか、とも思う。人間、苦境も含め、ほんとうにこころ賑やかな時には、うまさまずさはさほど重要ではない。うまいもの、うまい酒を過分に追究するかに見えるあの金満家の人たちも、そのこころはさみしいのかも知れない。

夜中に帰って来て台所に立つとは、マメですね、と言われることもあるが、マメと言われるほどの料理はしない。仕事で昂《たかぶ》って帰って来た後に、五分でも台所に立って動くと、それまでとは違う脳みその部分が稼働する感じがして、心地《ここち》良くなるのである。ジム通いやジョギングが習慣化している人たちと、同じ感覚なのではないか。鍋は一つか二つしか使わない。いちばん洗い物が少なくてすむのは、蓋《ふた》を取ったらそのまま食卓に出せるタジン鍋と気がついたのは三年前。白ネギを一本丸ごと斜め薄切りにして、蓮根《れんこん》の薄切り、豚バラ、きのこやかぶや水菜など、冷蔵庫の残り物とともにタジン鍋にぶち込んで、オリーブオイルと、日本酒と、お塩、柚子《ゆず》胡椒《こしょう》などをふりかけて蓋をし、弱めの中火《ちゅうび》で蒸すだけ。全部目分量。水菜や蓮根など、歯ごたえを残したいならば、ぶち込むタイミングを終盤にずらす。見栄え、絶望的。が、間違いなくうまいです。仕事仲間が「おいしいですよ」と教えてくれた「旭《あさひ》ポンズ」や、スペイン産のがっつり青々しいオリーブオイル、京都のへんこ山田の「ごまらぁ油」、横浜萬珍樓《まんちんろう》の「香辣脆《シャンラーツィ》」、ロケで訪れた富士吉田市のうどんの「辛味」など、各地の調味料や薬味を手を替え品を替え振りかけたりしながら、三五〇ミリリットルの黄金色の水をゆっくり飲んで、一日を締めくくるのであります。夜中なので、お腹《なか》の調子とは要相談。残ったら、翌朝火をかけ直して保温ポットに詰めて、お弁当にして、会社でそっと隠れて食べるも良し。なんたって、見栄え絶望的だからね。しかし人に隠れて食べる弁当は、いくつになっても、またこれがうまい。素敵なテラスで食べる二千五百円のコースランチより、やはりうまい。

銀座ヒット

「銀座百点」２０１５年12月1日発行

　映画は一人ではできないから厄介だろう、と思って、大学時代は写真を撮っていた。二十世紀の終わりごろ。お金もないし、付き合いもないし、銀座など行く用事もなかったが、歌舞伎座の裏にある出版社がカメラアシスタントを募集していて、アルバイトで通っていた時期があった。写真の道で生きていく腹を決めていたわけでもなかったが、その腹を確かめるためにも、とでも思ったのだろう。

　私はそこで、大人になって初めて男の人に手を上げられた。

　撮影には、三十五ミリのカメラと、六×六センチのブローニーフィルムを使うハッセルブラッドというスウェーデン製の高級中判カメラが使われた。ハッセルはフィルム一本につき、切れるシャッターはたったの十二回。しかしカメラマンはじゃんじゃかシャッターを切る。十二回など、一瞬である。だからフィルムを詰める着脱式のマガジンが予備で四体あり、撮影している合間に次々新しいフィルムを装塡するのがアシスタントの仕事であった。

しかしこのブローニーフィルムは単なる巻物のような形状で、三十五ミリのように歯車に噛《か》ませるパーフォレーション（両側に空けられた穴）もなく、巻き入れには手間がかかる。フィルムの取り出し、整理、装塡とを同時進行しつつ、シャッターの音を耳で聴いて、残り一枚になったところで「ラストです」と口頭で伝えるのだが、自分で数えながらそのカウントダウンが恐怖だった。フィルムの端が巻き軸の溝にうまく差し込めない。差し込み方をしくじれば、巻き込む内にフィルムの角度がよじれてしまう。外国人モデルがへそを曲げたり、照明が倒れたり、何でもいいからトラブルが起きて、シャッターを切る手が止まればいいのに、と本気で祈った。六、五、四、三……もう、どのマガジンが撮影済みで、どれが空なのか、わからなくなる。そのとき、カメラマンがハッセルのレンズをチェンジしろ、と言ってきた。私はめまいを起こしそうになりながら、ずっしりと重たいレンズを習った通りの手順でボディにはめ込んだ――つもりだった。が、私の手の中では、するはずのない嫌な音がしたのだ。見るとボディとレンズとが、明らかに歪《ゆが》んだ角度で合体している。げえっ！　と声を上げそうになるのを堪《こら》え、こそこそ着脱ボタンを連打してみるも、びくともしない。やがてあれほど止まってくれと思っていたシャッター音が止《や》んでしまった。事態に気づいたカメラマンが、やめろ、と小さく叫んで、私の手から死にかけた小鳥を救い出すようにハッセルを取り上げた。いいからお前はフィルムを入れてろ、と言われた私の脳髄は、もう溶けかかっていたのだろうか。入れ蓋を開けたマガジンの中身を見て、「おや」と思った。見たこともない状態。入れ方を間違った。やり直さなくちゃ。慌てて中からフィルムを力任せに引っ張り出した。そしてその瞬間に、「あ、これは、撮影済みだ」と気がついた。ご存じの通り、フィルムを明るみで引っ張り出せば、一瞬の内にすべては無と化す。私は黙って手を止めた。止めた瞬間に、私の頭は横から大きな手のひらではたかれた。軽いリズムのギターポップのBGMだけが、スタジオに虚《むな》しく響いていた。

カメラマンはインドの巨大石仏に似た彫りの深い強面《こわもて》で、後輩や女性に媚《こび》など売らない剛直さと、繊細で潔癖な匂いとが混じった四十がらみの男性だった。人を殴ったことも一度や二度ではないのではないか。しかし私の側頭部は、ヒットの寸前にそのスイングに僅かにブレーキがかかったのを感じていた。直後に息をのんだままその顔を仰ぎ見たとき、こんな殴り方をしたのはこの人も初めてなのじゃないか、と思った。そのくらい絶望的な顔をしていた。まるで世界に裏切られたような。もしかしたら女に手を上げたことはなかったのかも知れない。そんなことをすること自体、屈辱と思っている表情でもあった。それでもその手を止められなかったのだ。カメラマンにとって、撮ったフィルムを開けられるとは、そういうことなのか。

モデルは同じ照明の下で同じ洋服でくねくね同じようなポーズをとっている。撮った内の一本がお釈迦《しやか》になったとしても、撮り直すチャンスもある、とも思うけど——しかし、仕事とはそんな考えでやるものではないのかも知れない。「また」があると思わず、「これしかない」と思って、やる。そう考えなければ、一度ずつのシャッターに身を切ることはできないのかも知れない。そんなことを初めて思った仕事であった。

私はその日、口をもがれたようになり、後から合流した先輩アシスタントに助けられながら一日を終えた。深夜二時半。その後銀座にもこんな店が、と驚くようなしょぼくれた居酒屋で、朝まで三人で飲んだ。半分は骨太な説教、半分は「ああして殴ってしまったけども、それはお前に見込みがあると思ったからだ」などというバツ悪げな釈明が続いた。見込みがある人間があんなミスをするだろうか、と私は内心思いながら、股ぐらに両手を挟んで、はい、すいません、はい、すいません、と聴いていた。巨大石仏に対して、先輩の男性はチベットの高僧のような顔貌で、優しかった。カメラマンがトイレに行っている隙に、「だれでも失敗はあるよ。俺も随分やったよ。その都度死にたくなったよ。さすがに今日の西川ほどのことはしたことがないけどなあ」と笑ってくれた。ありがたくて、いたたまれなくて、私はまた、はい、すいません。と小さくなった。

それから十五年余り経ち、自分の映画の宣伝で雑誌の取材を受けた時、写真を撮ってくれたカメラマンが、そのときの先輩アシスタントだった。「憶えてますか」と言われた瞬間、すべてが蘇《よみがえ》り、私は平身低頭した。「その節は、本当に、申し訳ございませんでした」。先輩は「なにをなにを」とかぶりを振りながら笑われた。そのときの失敗が原因でもないが、結局写真の世界への覚悟が出来ず、私は半年ほどでそのアルバイトもやめた。早々に別のほうへと舵《かじ》を切った自分に対し、そのまあの道で、じっと踏ん張って独り立ちされた先輩を見ると、またも頭が上がらないような気持ちになった。先輩は、高僧のような面立ちも、優しい雰囲気もそのままであったが、私のことをもう呼び捨てにはしなかった。「少し笑顔でお願いします」と言われて、カメラを見ながら、笑顔をつくった。到底笑えない思いだったが、ここでちゃんと笑顔を撮らせなければ、先輩の仕事を駄目にする、と思った。私はレンズの前で、なにもかもを忘れて笑った。

映画の中の花

「草月」２０１５年12月1日発行

花の美しさを映画でとらえることは、きわめて難しいと私は思う。言わずもがなのその美しさが、落とし穴である。目で見て美しく感じるものを、撮ればそのまま物語になるかというと、実はそうではない。

映画は時間を縦軸にして、物事の「運動」をとらえて物事を語る。「好きだ」という概念ひとつとっても、ただ思い巡らせるのではなく、声にして発語するとか、目配せするとか赤面するとかという何らかの運動を伴わなければ、観客にその「好きだ」は伝わらない。どんなに奥深いテーマだろうと、主人公に机の上で腕組みして沈思黙考されていたのではいつまでたっても映画にはならないのである。運動は、「動き」と「音」とで表現されるが、花にはその「動き」と「音」がない。美しさが、あまりにも静的なのだ。

演じ手の中にも、「花」に似た人が居る。容姿端麗で肉眼や写真で見ればまばゆいばかりなのに、映像でとらえてみると、どこか血の通わない無生物のような映り方をする。きれいな映像は撮れても、「映画」が生まれるとは限らない。しかしそれでも映画を撮る者たちは花に惹《ひ》き付けられ、風を待ち、花びらを散らし、カメラを動かし、懸命に花に運動をもたらそうとする。黒澤明も小川におびただしい数の椿《つばき》の花を流して『椿三十郎』の演出をした。

私にとって映画の中に在る花は、死の匂いを放つものの印象が強い。野に咲く花で思い出すヴィットリオ・デ・シーカ監督の『ひまわり』は、第二次世界大戦末期に極寒のソ連戦線で行き倒れた兵士達の死肉の上に広がった見渡す限りのひまわり畑が、底抜けにあかるい陽《ひ》の光を受けている。元来大輪のひまわりさながらのタフな美貌のソフィア・ローレンが、消えた夫を求めて色あせた亡霊のようにその大地を歩く。ほかにも『3－4X10月』（北野武監督）で観た、極楽鳥花の花畑。乱暴に引き抜いたその花束の中に、沖縄ヤクザに扮《ふん》するビートたけしが基地の米兵から入手した機関銃を仕込んで無数の銃弾を撃ち放ち、ほどなく自らも復讐《ふくしゅう》の血にまみれて息絶える。極楽鳥花のどぎついまでの生命力が、かえってはっきりと人の虚無や死に欲を濃い沈黙のまま物語る。切り花で思い出すのは漱石の『それから』（森《もり》田芳光《たよしみつ》監督）の中の真っ白い百合《ゆり》の花。たしか一つの濡れ場も出て来ない映画だったが、暗い雨の夕方、三千代が持って来た百合の花に、一つ傘の下で代助がそっと鼻先を近づけるシーンには、ゆるされない男女の死出の道行きのような重苦しさに、むせかえるほどの欲動が充満している。創造力逞《たくま》しき中学生だった私は、百合の花弁をそっと握る松田優作《まつだゆうさく》の大きな手を見ながら「うむむ」と興奮したものだった。

花は美しさだけではなくて、否応《いやおう》もない生命の巡りを予感させる怖さを秘めている。可憐に咲いたかと思えば、物も言わず散り、くたくたに醜く枯れて腐臭を漂わせることも恐れない。役者としては静的すぎるのかも知れないが、一方ですべての物や人間が絶えず動き回る活劇の中において、その静謐《せいひつ》さがときに時間を止め、生命のあやうさや時の移ろいをフィルムに焼き付けている気もする。何もせず、何一つ余計なことを言わないで「ただそこに居る」ことが、実は俳優にとって最も難しい演技であり、最も座をさらう術であるとも聞く。花たちを中身空っぽのお人形として撮るも、無為のままに森羅万象を語らせるも、とどのつまり演出家の腕次第ということなのか。今後の宿題として心に留めておきたいと思う。

ポケットのなかの秘密

「朝日新聞」２０１６年７月２日〈作家の口福〉

私は子供の頃、カビパンを作っていた。給食で食べ切れずにそっと残したコッペパンが、制服のスカートのポケットの中で、音もなく黴《か》びている。カビに気づいた頃合いに、家で密《ひそ》かに捨てていた。パンを食べ切れないことは「恥」であった。人並みでないしるしのように思っていたのだ。

小学校に上がった頃の私は比較的「できるやつ」で、テストも、授業で挙手するのにも苦労をしなかった。諸君は何を四苦八苦しとるのかね、とすら思っていた。なのにコッペパンが一つ、食べられないのである。給食の遅い子供は休憩時間に後方に押しやられた机に挟まって、らくだのように咀嚼《そしゃく》していた。それでもだめならクラス全員に「がーんばれ！　がーんばれ！」と手拍子で応援される。スポーツ万能のY君が、ある日椎茸《しいたけ》を前に突然そのらくだになった。頬杖《ほおづえ》をついたY君が子分格らにはやし立てられるのを見た私の結論が、この、こそ泥ならぬ「こそ隠し」だったのである。まるで万引きでもするように、瞬時にポケットにねじ込むのだ。パンの袋やティッシュで包んだりはしない。子供の世界は監視社会だ。その一手間が、命取り。

普段からだらしなさを問題視されていたG君が、机の中を先生にガサ入れされて、ヨーグルト状になった三角牛乳と共にやっぱりカビパンが出て来た。クラス中が悲鳴を上げたが、G君のパンはビニールの袋に入れられ、口を結ばれていた。おやG君は存外几帳面《きちょうめん》ですよ、と私は思ったが、先生にも隣で金切り声を上げるみどりちゃんにも、その旨を伝えることは出来なかった。

世話好きのみどりちゃんは小柄な私を妹のように扱った。ある日、石鹼《せっけん》で手を洗っていると、先に洗い終えたみどりちゃんがいきなり私のポケットに手を突っ込んだ。私は電気が走ったように腰を引いたが、「ハンカチハンカチ」とぐいぐい攻めて来て、その手にふわっとした物を握りしめて引き抜いた。

「これ……パンかな……」。みどりちゃんは息絶え絶えだった。「お、お兄ちゃんのやつ～ぅ」。私は泣きそうになりながら、たった一人の兄を売った。

しかしみどりちゃんはその後も変わらず私の世話を焼いて仲良くしてくれたし、三年生になると私の食欲は急に増し、パンを食べ切れないことに悩んでいたのも忘れてしまった。一日に一度、人目をはばかって秘密を作る習慣からの解放は私を快活にしたが、引き換えに先生の話や教科書の内容にだんだんもやがかかるような感覚を覚えて行った。一日五食でも腹が減り、お尻に肉割れを起こした中学時代の成績については、もうここでは話をしたくない。

いちばん長く続いたバイト

「朝日新聞」2016年7月9日〈作家の口福〉

こらえ性のない性格で、学生時代のバイトも長く続いたためしがない。チェーンのコーヒーショップは、お客がコーヒーを頼むと「ブレンドワンプリーズ」と言う決まりだった。「父が倒れました」と言って三月《みつき》で辞めた。「『ワンプリーズ』が嫌で」とは言えなかった。

デパ地下で六時間トンカツの衣をつけるバイトは一年。福岡が本社の会社で、男性社員は博多弁で私を叱《しか》った。「何《なん》しよんかきさん！　くらすぞ！」。どさくさで同棲《どうせい》を申し込まれているのかな？　とどぎまぎしたが、「くらす」とは「暮らす」ではなく「ぶん殴る」の意味と知らされた。

一番長く続いたのは中野で大将一人が営む小料理屋の給仕だった。何がやめられなかったたって、まかないが旨《うま》かった。お刺身定食、鶏《とり》の竜田揚げ定食、ほっけ定食、ぶり大根定食、カツの玉子とじ定食、鰹《かつお》のたたき定食。頼めば千円の定食を、仕事終わりに好きに選んで良かった。二十二歳の舌には、こんな旨い飯が他にあるかと思えていた。

大将は私を叱ったことがなかった。叱るほどの仕事をさせられてもいなかったが、鷹揚《おうよう》な人だった。というより何かにこだわりがあるようにも見えない人だった。店は清潔で仕事も丁寧だが、商売っけは薄く、客足の無い日もまな板の端に手をついて、私ととりとめもなく喋ってはへらへら笑っていた。

へらへらしつつも私はその頃、就職のあてがなく四苦八苦していた。「映画の仕事をしたい」と話すと、会社の面接官にも友人にも苦笑された。同じ本を読み、同じ映画や写真や音楽に触れて来た友人が、いきなりJR！　三菱商事！　明治乳業！と現実感そのもののような会社に内定を決めて来る。自分だけが青臭さにしがみついているようで、バカみたいだとも思っていた。

けれども大将だけは「何も心配いらないよ」と言った。無責任だな〜、と私は笑ったが、「だって心配いらないからだよ」とゆらりと返していた。私はまた笑ったが、そう言ってくれる人が一人居るだけで、何とか保っていた。

不採用になった製作会社の面接で会った是枝監督からの留守電を聴いたのも、その店の開店前の暗い階段だった。「フリーランスでも良ければ映画の手伝いをしませんか」。急いで駆け下りて報告したら、「ほらね」と大将は言った。すぐに忙しくなって、私はバイトを辞めた。最後は一番好きだったたぶり大根をごちそうになった。バイバイ、と大将は、厨房《ちゅうぼう》の中から手を振ってくれた。

数年前に中野に用があってふらりと立ち寄ると、店は消えていた。同じ店名で調べてもどこにも見当たらない。大将はどうしているのか、誰に尋ねるあてもない。けれどふしぎに寂しくもない。何が起きていてもおかしくないのに、なぜか大将のことは、何も心配いらないように思えてしまうのである。

誰かが作ってくれる食事

「朝日新聞」２０１６年7月16日〈作家の口福〉

三年前、私は子供のいる友人たちの家々を泊まり歩いていた。新しい映画のために、小さな子供のいる生活を観察しようとしていたのだ。親たちはどんなリズムで暮らし、そして部外者かつ子供を育てた経験のない私自身は何を感じ、彼らとどのように関わるかを知るための体験取材であった。生活スタイルは「なるべく普段通りに」とお願いし、ごちそうなどせず、いつも食べているメニューを作ってもらってご相伴にあずかっていた。

夫が単身赴任で二人の小学生を一手に抱えるお母さんが作る、ロールパンにハムやレタスや卵を挟んだ彩りきれいな朝食。夫婦共働きの自営業で、在宅業務のお父さんがル・クルーゼの鍋で炊いたご飯と白菜と豚肉の煮物、れんこんのきんぴら、大きなフリルのようなめかぶを丸々ゆでた酢の物。新幹線通勤でデパート勤務をするお母さんが並べた出来合いの餃子《ギョーザ》に手作りのサラダとお汁《つゆ》――仕事と家事と育児の合間に親たちは座る暇もなく食事を都合する。

子供たちはくちゃくちゃとけだるげにそれを口に運んでいたが、私はどの家庭のどのメニューにも、これほど旨いものがあるだろうかと感激していた。育ち盛りの彼らを差し置いてもう一つ、もう一つと箸を伸ばそうとする自分を抑えるのに必死だった。なぜだろう。親の愛情という隠し味？　彼らの子でもない私がそれを感じる？

学生で上京して数年経った頃、実家から遊びに来た母をチェーンの居酒屋に連れて行ったことがある。何でも良いと言うから、しめ鯖《さば》やニラ玉、豚キムチ、揚げ出し豆腐など、どこの居酒屋にもあるものを頼んだら、母はそれをしつこいほど「おいしい」と言って食べていた。それほどだろうかと私は思ったが、結婚以来、たまの里帰り以外は三度の食事の献立に頭を悩ませない日の無かった母は、ただ黙って座っていれば他人が次々食事を作って運んでくれることの「旨味《うまみ》」を、嚙みしめるように味わっていたのではないか。

二十年余りが過ぎた。私は家族も抱えず、食事の都度に母のような腐心があったわけでもないが、それでも自分が何をどうして食べるかについて一度も考えずにすむ日は少ない。そろそろご飯ですよ、と言われて席に着くと、誰かが作った食事が湯気を立てて並んでいることの安堵《あんど》感に意表をつかれる。プロ級の腕などでない方が良い。野菜の切り方が揃《そろ》っていなかったり、入れるはずの調味料を忘れていたり、それが人の味がしてなお旨い。店と違って少し食い足りなかったりもする。しかしその分量の中で家族と分け合って食事を終えるのも、また良い。「もういらなーい」と身体をくねらせ、魚を半分残す子らを見て、「そんな贅沢《ぜいたく》今だけだぞ」なぞと他人の分際で説教をたれたりして、実に幸福な日々を送った。

男がたまにやる料理

「朝日新聞」２０１６年7月23日〈作家の口福〉

一度だけ男の人に声を荒らげたことがある。カレールーに付属する「フォンドボー」なるものが原因だった。

その日私は自宅で仕上げなければならない仕事が重なって大いに焦っていた。食事の暇《いとま》すら惜しい。そんな中、当時の恋人がやって来た。「わ！」と私は思った。すると「わ！」が伝わったのか、相手は優しい笑顔で言った。「よおーし！　今日は俺が作る！」——目の前が、さあっと暗くなった。

男がたまにやる料理。材料費の浪費はもういい。しかし調味料の在処《ありか》をいちいち訊いて来る。冷蔵庫の中身の賞味期限を問いただす。指を切る、汁を散らす、焦がす、道具のせいにする。そして旨いかどうか幾度も尋ねる。私は最大限の笑顔でこう答えた。「すごく簡単なもので良いよ」。相手は目を輝かせた。「よおーし！　じゃ、カレーにすっかあ！」。私の笑顔は固まった。カレーですか。それは、あなたたちがすごく力んで作るメニューよね？

　全て恐れていた通りに進んだ。「痛ッ」とか「熱ッ」とか「何だこりゃ！」という声が断続的に台所から上がる。当然仕事どころじゃない。しかし二時間過ぎるとカレーの匂いも漂い始め、私は安堵した。もう終わる。あとは食べるだけ、と思った途端の悲鳴。「フォンドボーって何だよ！」

　そのカレールーには別包装の小さなスープがついていた。材料を水で煮込む際に注入せよとある。しかし既にルーまで割り入れてしまった。私は「今からだっておんなじよ」と励ましたが、その言葉が地雷を踏んだ。おんなじ？　何がおんなじ？　君は何でもどうでも良いんだ。玉ネギをきつね色に炒めなくても、牛でも豚でもカレーでなくても、俺でなくても。人の思いや努力やこだわりなんか興味がないんだ。もう良いよ。食わなくて良い。カレーは俺が家に持って帰るさ。

　私は心底苛《いら》ついていた。フォンドボーめ。お前のせいで。仕事も片付かない。台所は滅茶苦茶《めちゃくちゃ》。煮えたぎるカレーを鍋ごと電車で運ぶと言って聞かない男――「めんどくせえなあもお！」と思わず腹から言葉が転がり出た。しまった、と思った。相手もハッとした顔をした。面倒だと言ってしまえば全ての関係性はそこまでだ。たった一言でも最後通牒《つうちょう》として十分だった。

カレーはやっぱり二人で食べた。作り立てのシャバシャバ。まずい？　と尋ねる相手に、おいしいよ、と応えた。それがもうおいしいカレーでないのは、お互いよく解《わか》っていた。食を巡って諍うようになれば関係性も大詰めだ。だからそんなもめ事も類のない思い出として残っているが、その日私が追い込まれていた仕事が何だったかは思い出せない。身捨つるほどの仕事はありや、と、自分でこしらえたカレーを食べるごとにぼんやりと思いもする。

夜の灯りの友

「ブレーン」2016年11月号　YKK AP〈今夜も窓に灯りがついている。〉

私の身長は153センチである。小さい。大方の洋服には着られたようになり、飛行機の荷物入れには手が届かなくて慌てふためく。撮影現場の男性らと並んで立てばひとり囚《とら》われの宇宙人のようで、常に半人前のひしゃげた気持ちを抱いてきたが、これも自分のせいだとわかっている。子供の頃から、夜眠らなかったのだ。夜中じゅうラジオを聴いたり、ライター気取りでこそこそ映画評を書いてみたり、音楽テープをこしらえたりでまるきり寝ようとしなかった。その頃は寝るという行為は意識不明にして人生を浪費する無駄な時間と断定しており、遠足や修学旅行でも、バスで布団で、隣の友達が白目をむいているのを揺り起こし、なぜ寝る、なぜ寝る、と責めたりしていた。「背が伸びなくなるからだよ！」とあの頃誰か言ってくれていたらなあ。

しかし私は今でも夜寝ない。お肌の大敵。それでも寝ない。夜が好きなのだ。

陽の光というものは美しくも、時の経過を残酷に晒す。東から顔を出した新鮮な光が頭上に昇って昼を告げ、また傾いて濃い影を伸ばして行く。筆を握る日にはその移ろいがうるさい。さあ昼だ、それ夕方だ、もう日が沈む、おいどこまで行った、と遅筆をせき立てられている気がする。お前は中学生の母親か！ ——それに比べて、夜はやさし。のっぺりとして暗いまま、書き割りのように風景は定着する。俺は何も言わん。好きに使え。という懐の深さを感じる。誰からもメールは来ない。ニュースも入らない。よおーし、鬼の居ぬ間に洗濯だ、と、ひとり爛々《らんらん》とし始める。こんな時間に生きているのは、何かを踏み外した人間ばかりのように思う。きらきらと賑やかな盛り場でもなく、しんみりとしてこっそり、置き去りにされたような灯りの下が良い。さびしくなくては書けない。

けれどひとりで四十路《よそじ》にもなれば、夜はおのずと静かである。友人らも子供の生活リズムにシフトし、家事育児に仕事もし、夜半には家族揃って撃沈している模様。空の白むまで机にかじりついていたり、映画や音楽を聴いていたりは、いよいよ半人前の証拠という気もしてくる。

そんな頃、私の住むマンションの二階に、ふしぎなカップルが越して来た。昼でも夜でも雨が降っても、大量の洗濯物が干されたまま窓は開け放たれ、白熱灯の下で褐色の上半身を露《あら》わにした若い男の身体がベランダの葦簀《よしず》越しに透けて見える。顔は見えない。どんなに遅く帰っても、彼らの部屋の灯りだけがともっている。しかしあけすけなわりに友達を招いて騒いだりする様子もなく、裸の彼はたいてい窓に面した低い座卓についている。先日窓辺に腰掛けた彼が、電話で喋っているのを見た。想像より声は甲高く、東南アジアの言葉のようだった。留学生か、仕事でやって来た人か。彼は何かしこたま勉強しているのじゃないか。そう思うと急に近しい気持ちになった。アイデアも暗礁に乗り上げ、やけ酒をひっかけて帰って来ても、紅《あか》い光の下でじっと机に着く彼を見れば、お。やっとるな。と思い、えい一風呂浴びてこっちももうひと頑張りかという気にもなる。

いつか玄関口で鉢合《はちあ》わせしても私は彼と判《わか》らないだろう。挨拶の言葉も知らない。彼もよもや自分が私に発破をかけているとは思うまい。それでも私にとっては今は他にない夜の灯りの友である。冬にはあの窓も閉ざされるだろうか。それならば、それまでのつかの間でも。

それをなくして

「週刊文春」2016年12月1日号　日本製紙連合会〈紙と私〉

「大切なものは、失《な》くして初めて分かるんだよ」だなんて、陳腐な人生訓である。それなのに性懲りも無く私は新作映画にそんなテーマを持ち込んで、物語を書いた。二十年連れ添った妻を突然失くして、その後の虚空をひとり浮遊する男の話だ。無自覚にかけがえのないものを手放して来た私自身の悔悟録でもある。けれど、もう言っても仕方ないことを語らずにいられないのもまた人間の性《さが》だろう。それでも誰かが耳を傾けてくれるのではないかという期待を捨て切れずに。

私は物に対するこだわりは少ないほうだが、仕事用のノートだけは十年同じものを使って来た。三軒茶屋《さんげんぢゃや》の文房具屋でみつけたGクラッセというメーカーの「モノクローム・リングノート」というものである。

私の場合、一作品こしらえるのに二〜三年かかる。同じノートを鞄に入れて持ち歩くから、汚れやダメージに強い黒のポリプロピレン加工の厚手の表紙が目についた。取材先や移動中にもメモを取るので、厚い表紙が台紙になるリングノートが使いやすい。また丈夫なダブルリングにはボールペンを挿し挟め、「今だ」という瞬間に手にとって書き始めることができる。また、中身が五ミリ方眼であることも重要だった。文章だけでなくスケッチや図面も書きやすい。さらにゴムバンドつきで表紙をホールドできるため、荒っぽく扱っても鞄の中で開かない。しかしこうして書いてみても、とりたててそれらが変わった特長とは思えない。初めて手にした時も、使いやすさに感動して、というほどでもなかった。しかし商品名の印字の一つもない簡古素朴なその一品に飽きる理由すら無く私はその後使い切るごとに取り寄せるようになり、気がつけば同じノートの山が出来上がっていた。

それがこのたび一つの作品を終えて、メーカーのホームページを久々に開いたところ、目を疑う文字が飛び込んできた。『生産終了』。私は慌てて製造元に電話した。「あのノートです、モノクロームのリングノート。A5の、黒の!」と電話口で叫んだが、お客様担当のおばさんは、「は？　モノクロームの？　ええと、お色は黒？　A5サイズでございますね？　はあ、ただ今確認致しますのでね」と言って電話口を離れた。わざわざ確かめに行かねばならないほど、その生産中止が社内でとるに足りないことなのだということに、私はショックを受けた。帰って来たおばさんに、無駄と知りつつ私は食らいついた。

「十年使わせて頂いて来たんです。ほんとにもう作られないんですか」

「誠にありがとう存じます。残念ながら、生産終了なんでございますのよ」

「すごく困るんです、あの、ほんとに」

「おほほ。誠に申し訳ございません」

おばさんは、きっと一度もあのノートで物を書いたことがないに違いない。

私は仕事場を飛び出し、ふらふらと街を練り歩いた。ははは。あんなやつが何だ。ちょうど潮時だよ。いくらでも代わりは居る。もっと良いのが居る。そう思いながら伊東屋、東急ハンズ、ロフト、思いつく限りの売り場を徘徊《はいかい》したが、条件が全てそろったものは一つも見当たらなかった。リングノートは表紙が柔らかいか、ゴムバンドが無いか、罫線《けいせん》か。サイズも大きかったり、小さかったり。結局はるかに値の張るノートを衝動買いした。仕事場に戻って、一ページ目に一行書いた時、あまりに違う手触りと書き味に、未来が黒く塗りつぶされる思いがした。脇に置かれた三年モノの、手垢《てあか》にまみれたノートに額をこすりつけた。

恨みがましくこうして公の場で細々と抗議を続けている。しかし、世界はそう簡単には覆らないし、失われたものは戻らない。未練を唸《うな》れば唸るほど、愛は遠ざかるものだ。私は、同じノートを追い求め続ける限り、きっと二度と同じ心地良さでものを書くことは出来ないだろう。おまえはノートを失っても、書くことが出来るか。あるいは、書くことがあるのか。そんなことを、どこかの誰かに試されているような気持ちの秋である。

あとがきにかえて

「ジェイ・ノベル」２０１７年４月号

先日、都内のある劇場でトークイベントをした帰り、一人の男性が「覚えてませんか」と遠慮がちに声をかけてきました。諏訪《すわ》さんの作品の初号試写会で会ったんですけど、とその男性は言うのですが、「諏訪さん」とは諏訪敦彦《のぶひろ》監督のことで、私は二十年前に一度だけ助監督として作品につかせてもらいましたが、男性の顔をまじまじ見ても全く記憶を掘り起こすことが出来ませんでした。私はうろたえつつも、「それはご無沙汰しました」などと適当に合わせましたが、その人は私が思い出せていないことを察知してか、「一緒に野球に行ったりもしたんですけどね」と付け加えました。がくぜんとしました。私が男性と野球に？　ひいきの広島東洋カープは昨年二十五年ぶりの優勝を果たしましたが、私が二十代の頃は万年Bクラスのどん底を這《は》っていましたので、その惨状をなるべく視野に入れないように、ひたすら仕事に打ち込んでいました。滅多に球場になど足を運ばず、行くとすれば友人たちと郷里の旧広島市民球場でゲーム内容関係なしのどんちゃん騒ぎ、と決まっていたはずだけど。しかし男性がわざわざ嘘《うそ》を言いに来たとも思えません。何か一緒に仕事をした仲間どうしで、みんなで都内の球場にでも出向いたことがあったのかもしれません。が、想像するにそれなりに楽しげで思い出深げなそんな出来事も、ひとかけらも私の記憶にはないのです。

男性は私のまごまごした反応を見て、あきらかに落胆した表情を浮かべていました。「忘れられる」ということは、切ないことです。自分にとっては生き方を変えられたような大切な思い出が、別の誰かにとっては存在すらしない時間になっていたことは、私にも覚えが在ります。忘れるほうも、覚えているほうも、底意があってのことではないだけにせつないですが、それにしても私はいつの間にこんなにも忘れっぽくなったのでしょう。子供の頃は比較的人や出来事の憶《おぼ》えは良かったはずなのに、今では昨日観た映画のあらすじさえちゃんと説明出来ません。人生を作るのは、事実ではなく記憶です。覚えていない映画は、観《み》ていない映画に等しいのではないでしょうか。ここにこのエピソードを書いたのも、わずかばかりの罪滅ぼしの気持ちの故です。きっとこんな些細《ささい》な出会い（再会？）も、放っておけば私はまたいつの間にか忘れてしまう気がするからです。

映画をつくるということは、おびただしい数の人に出会うことでもあります。おびただしい数の人と出会えるということは、とても多くの可能性を秘めていて、たくさんの発見や感激もありますが、そのすべてを私の脳みそは覚えていてくれるわけではありません。おびただしい数の人と会うからこそ、関係はどこか表層的にもなり、一人一人と濃密に関わり、感情を交換することが難しくなるとも言えます。知識や出来事を頭に叩《たた》き込もうとしても、そのときに情動が伴わなければ記憶には定着しづらいとも言われます。感情のない経験は「記憶」に成らず、どんなに多くの人と出会いを重ねたところで、数を誇ることは出来ても、やはり人生と呼べる時間にはなって行かないのではないでしょうか。

私は、このほど一本の映画づくりにようやくピリオドを打つところまでやってきました。二〇一一年の暮れ、一つ前の映画の制作中だった頃にぼんやりと思いついたアイデアを、しばし頭の中で寝かせた後で少しずつ考えを重ね、取材と称して小さな子供のいる友人宅にあちこち泊まり込み、筆を握って小説として物語を綴《つづ》り、資金を集めるための企画書にまとめ、映画の脚本として書き直し、キャスティングをして、オーディションをして、ロケハンをして、衣装を決めて、台本の読み合わせをして、リハーサルをして、撮影をして、編集をして、ポスター撮りをして、CGを作ってもらい、音楽を作ってもらい、演奏をしてもらい、整音をしてもらい、オープニングタイトルを作ってもらい、エンドロールを作ってもらい、効果音を作ってもらい、フィルムダビングをして、映像の色補正をして、初号試写をして、英語字幕を作ってもらい、ポスターを作ってもらい、チラシを作ってもらい、予告編を作ってもらい、サントラを作ってもらい、パンフレットを作ってもらい、雑誌や新聞やウェブの取材を受け、だれかと対談し、イベントをし、テレビに出て、ラジオに出て、地方都市を廻《まわ》り、初日を迎えて舞台挨拶をし、お客さんとの質疑応答をし、海外の映画祭に参加し、国内の映画賞に呼んでもらい、ブルーレイ・ディスクの販促取材を受け、そしてついに今、作品は完全に私の手から放れつつあります。気がつけば二〇一七年の春を迎えておりました。発案から五年半。よくもまあ、一つのネタにそこまで飽きずにつき合えるものだと自分でも驚きますが、私は子供が居ない代わりにか、映画をつくることを次第に自分の子供を育てることのように捉えるようにもなって来ました。子供に例えるならば、五年半という時間もそう長くはないでしょう。成長を目の当たりにする過程に日々喜びや悩みや心配はつのるばかりで、簡単に飽きてしまうようなものでもないのです。

けれども映画づくりの良いところは、自分以外にも育ててくれる人が様々に存在してくれるところだとも思います。元をただせば私がひとり勝手に種を宿したような子供ではありますが、ほんとうにひとりぼっちでがんばらねばならないのは、アイデアを練り、ストーリーをこしらえてシナリオとして書き出すまでの間で、「腹」ならぬ「頭」を痛めて、映画の原型をなんとか世界に産み落としてしまえば、後はありとあらゆる局面で、あらゆる大人たちが、それぞれに我が子と信じて一緒に育ててくれるのです。さまざまな職人や専門家たちが折々の課題に同じ思いで頭を悩まし、私が孤独に煮詰まるようなことはありません。時に育ての親たちのほうが、生みの親よりも熱心になる時もあります。たくさんの考え方や経験をもつ大人たちに触れ、もまれながら育ててもらうことで、映画自体も、私の手のひらに包まれていた頃よりもはるかにタフで開かれたものになって行くような気がします。

脚本が終われば準備、準備が終われば撮影、撮影が終われば編集、編集が終われば音楽づくり、と、一つ終わればすぐに次の工程が待っているので、昨日まで自分が向き合って来た戦いの余韻に浸る間もなく、性格も技術も全く違う人種と、全く違う筋肉や脳みそを使って新たな課題に取り組みます。滝行に耐えた後でスカイダイビングをし、ライオンの檻《おり》で暮らした次は武道館のステージで歌わされる、とでも例えましょうか。感情がゆさぶられていないわけがないのですが、色んなことがあり過ぎて、終わってみれば何も覚えていないこともあります。

二〇一〇年に第六十八代横綱朝青龍《あさしょうりゅう》関が引退したという話題を皮切りに、七年の間『映画にまつわるXについて』というタイトルでエッセイを書いてきましたが、映画にまつわる何かを書くのだとしたら、私に出来ることは映画論や映画評ではなく、限りなく個人的な制作体験について記録して行くことだろうなと思いました。もっと言えば、私の体験そのものよりも、出会った誰かのことをなるべくたくさん克明に綴っておこうと思いました。過去のものを読み直してみれば、くどくどと私の悩みに読者をつき合わせるような文体も多かったですが、それと同じくらいの分量、映画をつくっている人たちの魅力についても記録することが出来たのではないかと自負しています。あとは過ぎ去ったことを次々と忘れて行ってしまう私自身のためでもありました。私にも、残った映画だけではなく、誰かとの「人生」があったと思いたいのです。

映画づくりが終われば、それまでいやというほど深く関わって来た人たちとも、関わらねばならない理由を失い、おのずと顔を合わせる頻度は減り、共通の話題も減り、いつでも連絡して良いはずなのに、連絡するための言い訳を探すうちになんとなく連絡するのを諦めるような、互いに遠く懐かしい間柄へと落ち着いて行くことでしょう。寂しいけれど、そうでなければ再び始まって行くことは出来ない。

子供も無事巣立って行き、私もまたひとりぼっちになりました。誰一人、あれをせい、これをせいと言ってくれないのは張り合いがないですが、ここからのひとりの時間が私の正念場だとも思って、これまでとはまた違うやりかたを試しつつ、映画というものにもう一度向かってみたいと思っています。ここまで映画にまつわることも様々に書いて来ましたが、再びゼロからのプロセスを繰り返すわけで、読んでいる人にも「またこれか」と思わせることを書いてしまうのではないかという危惧もあり、ここでいったん筆を置くことにします。けれども実際に新たな映画づくりが始まれば、私自身も「またこれか」では無いことに気がつくかもしれません。あっと驚くような人種たちとの胸躍るような発見があれば、またどこかで筆を執ることにしようと思います。それまでどうぞみなさん、良い映画を観て、良い人生をお過ごし下さい。

長い間、すべてに対して丁寧に耳を傾けて来て下さった担当編集者の加古さん、懐深く、私の仕事ぶりを受け止めて来て下さった編集長の高中さんに、心よりお礼申し上げます。

二〇一七年春

西川美和

韓国語版『映画にまつわるXについて』　２０１９年４月30日発行
同『映画にまつわるXについて２』　２０１９年７月15日発行

韓国語版によせて

昨年は、韓国で日本の大衆文化開放がはじまって二十年の節目だったそうで、私も年の暮れにソウル市内の映画館で行われた「二〇〇〇年代の日本映画特集」というイベントに参加させてもらいました。一九九八年に北野武監督の『HANA-BI』が一般公開されたのを皮切りに多くの日本映画が観られるようになり、二〇〇〇年代の韓国にはちょっとした日本映画ブームもあったと聞いています。『ゆれる』という私の作品も、韓国での公開から十年以上を経ての再上映でした。

私は普段、自分の映画を観直すことがありません。ここだけの話ですが、実は日本国内で自作を映画館に観に行ったことは一度もないのです。理由は大きく三つ。一つはお客さんの嘘のない反応を目の当たりにする勇気がないから。もう一つは「ここもダメ！」「あそこも直したい！」と欠点ばかりが目についてやり場のないフラストレーションが溜まるから。残りの一つは、すでに終わってしまった愛に引き戻されてしまうと困るから。

『ゆれる』も随分長いこと観ておらず、自分で作った話にも拘わらず、細かいところまで覚えている自信はすでにありませんでした。とはいえ、東京からわざわざ海を渡ってイベントにやって来ておいて、上映後のQ&Aでお客さんの質問に対して「そんなシーンありましたっけ?」ではさすがにまずいだろうと、意を決して上映に立ち会わせてもらうことにしました。

十二年ぶりに会う恋人。それが私の目に、どう映ったかというと——正直、もう見知らぬ他人のようでもあり、昨日まで一緒に暮らしていたようでもあり。「ふん、こんな男に夢中になってたなんてね」とおかしく思う反面、かつて自らの内にあったまっすぐな情熱、発想、パワーに内心圧倒されるところもありました。いずれにしても、もはや小さな演出ミスや編集を直したいなどとは思いませんでした。どんなに欠点があっても、もうこの作品はこの作品。あれこれ私が構ってやらなくても、ちゃんと誰かに認めてもらえるところもある。自分から切り離された一つの個体として、ようやく作品を認めてあげることができたようにも思いました。今後もし誰かに作品について尋ねられることがあれば、「悪くない映画ですよ」と素直に勧めることもできる気がします。これが年月というものなのでしょうか。それにしても、七〇年代風のサイケな古着のラッパズボンを穿《は》いた主人公がクールなモテ男だという設定も、タバコを所構わずひっきりなしに吸っているのも、今にしてみれば笑ってしまうほど古臭く、その古び方がなんだかいじらしくもありました。映画はそれでいいのだと思います。その時々の常識も非常識も、美しさも愚かさも、ちゃんとフィルムに焼き付けて、時代の写し鏡として残って行けばいい。

上映後は『息もできない』（〇八年）の監督でもあり、世界的にもファンの多い俳優のヤン・イクチュンさんと対談をさせていただきました。壇上で「なぜ二〇〇〇年代に日本映画が流行したのか」について尋ねてみると、八〇年代の民主化運動で社会が混乱を極める中で、韓国の人々の心は常に過酷で激しい環境下に置かれていた。そんな中で、岩井俊二《いわいしゅんじ》さんの『Love Letter』に始まり、『ジョゼと虎と魚たち』『かもめ食堂』など、日本の映画には社会的な動乱とは別次元にある無国籍風で美しい映像世界が広がっており、日常の風景の中で繊細に描かれる静かで穏やかな情感に、僕たちの心はとても癒やされたし、憧れたんです。と答えてくれました。なるほどなあ。常に激しくてアグレッシブで、突き抜けたアクション、暴力、殺し、貧困、といった血沸き肉踊るドラマチックな素材がよく似合う韓国映画に私たちは九〇年代の終わりからずっと刺激されてきたけれど、お互い無い物ねだりというものだったのでしょう。

現代の日本の俳優たちはどこか厳しさを欠いた日常的な顔をしているし、拳銃のドンパチはもちろん、激しいカーチェイスや、権力者や富裕層による暴力も不正も、仰々しく描けば描くほど、映画の中だけの絵空事のような白々しさが目立ってくる気がします。ちょっとスパイスが足りないような味わいの国産映画を作り出す日本の社会は、ある意味では幸福とも言えるのでしょうし、同時に私たち作り手の視力が、目に見えづらいところに潜ったテーマを見極めて描き出す精度を失ってしまっているのかもしれません。

韓国では、高度な技術で映画を撮れる若い作り手が次々と育っている印象があります。国による映画文化の支援体制も整っており、制作予算も日本の平均的な映画の五倍から十倍は当たり前で、作品のスケールも大きいし、CGもアクションも、制作スキルはハリウッドに引けを取らないと思います。撮影期間だけとってみても日本の一般的な商業映画が一ヶ月〜一ヶ月半であるのに対して、韓国は三ヶ月〜半年が標準であるとも聞きました。

「うらやましい限りですよ。日本の映画は貧しい」と私がくさくさした表情で愚痴をこぼすと、

「でも韓国映画は作家主義的なものなんてもうほとんど企画が通らないですよ。エンタメ、エンタメ、エンタメ一辺倒。どれも一緒。全部横並び。日本はまだ、いろんな可能性を許してるじゃないですか」と同じくらいくさくさした表情でヤンさんも返してきました。

イベントの主催者の人たちと一緒においしい韓定食をいただいた夕食の場所で、ヤンさんは好きだったはずのタバコを一本も吸いませんでした。

「タバコやめたの？」と尋ねると、

「ファミレスで喫煙できる日本は天国。韓国は店内全面禁煙になりましたからね。屋外で吸うときも、通行人の女性に睨《にら》みつけられるから、建物の壁におでこくっつけて、こそこそ背中を丸めて吸うんですよ。ウヒヒヒ」

思えばヤンさんが自ら演じた『息もできない』の主人公も、超が着くほどのヘビースモーカーで、ニコチンを飲み下したような表情で紫煙を吐き出していたものだけど。これからお互いどんな映画を作って行くのでしょうか。

お隣の国どうしではありますが、映画を作る土壌も歴史も随分異なるので、韓国の映画の作り手の方や、映画に興味を持つ若い方がこの本を読まれると、大きなカルチャーギャップを感じられるかもしれませんし、あるいは案外近いと思われる部分もあるかもしれません。それにしても、元は日本の文芸雑誌の読者に向けて書いた軽いエッセイが、まさか海を渡るとは。けれど私は知っているのです。映画に愛着を持ち、映画の作り手を応援してくれる人は、世界のどこにでもいてくれることを。映画を通じて、人と人はかなり近づくことができることを。映画の仕事を続けていて良かったと思うことは、そのことをこの目で確認できたことです。この本の出版を決断してくださった方々に、心から感謝します。

二〇一九年一月

西川美和

〈引用文献〉
『井伏鱒二自選全集　第九巻』（新潮社）

JASRAC 出 2005551-001

単行本　二〇一七年四月　実業之日本社刊
文庫化に際し「ラブレター、あるいは湖の底に沈んだ手紙」「韓国語版によせて」を収録しました。

実業之日本社文庫　最新刊

青柳碧人
彩菊あやかし算法帖　からくり寺の怪
キュートな彩菊が、妖怪が起こす事件を得意の算法で解決！『むかしむかしあるところに、死体がありました。』著者が贈る、新感覚時代×数学ミステリー！
あ16 2

阿川大樹
終電の神様　台風の夜に
ターミナルの駅員、当直明けの外科医、結婚式を予定しているカップル――台風で鉄道が止まる一夜、それぞれの運命が動き出す。感動のベストセラー新作！
あ13 3

秋吉理香子
婚活中毒
この人となら――と思った瞬間、あなたは既に騙されている！　人生はどんでん返しの連続。幸福を願うすべての人へ贈る婚活ミステリー。（解説・大矢博子）
あ23 1

安生 正
襲撃犯
碓氷峠で自衛隊の運搬車が襲撃された。自衛官惨殺、プルトニウム燃料強奪。鮮やかな手口だ。自衛隊崩壊の危機に、不器用な男たちが、愚直に真実を追う！
あ24 1

井川香四郎
桃太郎姫　望郷はるか
偽金騒動を通じて出会った町娘・桃香に、商家の若旦那がひと目惚れ。その正体が綾歌藩の若君（!?）と知らない彼は……人気シリーズ、待望の最新作！
い10 7

大林宣彦
ぼくの映画人生
映画とともに生き、道なき道を切り開いてきた著者が、七十歳を機にその半生と映画論を語った感動の自伝。すべての人の背中を押す勇気の書。（解説・赤川次郎）
お10 1

沢里裕二
湘南桃色ハニー
ビールメーカーの飯島は、恋人を寝取られたことをきっかけに己の欲望に素直になり……。ビーチで絡み合う水着と身体が眩しい、真夏のエンタメ官能コメディ！
さ3 11

実業之日本社文庫 に42

映画《えいが》にまつわるX《エックス》について2

2020年8月15日　初版第1刷発行

著　者　西川美和《にしかわみわ》

発行者　岩野裕一
発行所　株式会社実業之日本社
〒107-0062　東京都港区南青山5-4-30
CoSTUME NATIONAL Aoyama Complex 2F
電話［編集］03(6809)0473［販売］03(6809)0495
ホームページ　https://www.j-n.co.jp/
ＤＴＰ　ラッシュ
印刷所　大日本印刷株式会社
製本所　大日本印刷株式会社

フォーマットデザイン　鈴木正道(Suzuki Design)

ISBN978-4-408-55614-7（第二文芸）